HAYMON verlag

Herbert Dutzler

Bär im Bierkrug, Gott und Teufel

Vierzehn Kriminalgeschichten

Auflage:
4   3   2   1
2019   2018   2017   2016

© 2016
HAYMON verlag
Innsbruck-Wien
www.haymonverlag.at

ISBN 978-3-7099-7232-8

Umschlag- und Buchgestaltung nach Entwürfen von hœretzeder
grafische gestaltung, Scheffau/Tirol
Umschlaggestaltung: Eisele Grafik · Design, München,
unter Verwendung eines Fotos von: bigstock.com/ngonhan (im Hintergrund)
Satz: Da-TeX Gerd Blumenstein, Leipzig
Autorenfoto: Julian Dutzler

Gedruckt auf umweltfreundlichem,
chlor- und säurefrei gebleichtem Papier.

Marillenmarmelade für Mamá

Meiner Frau fehlen die Beweise, um mich der Polizei auszuliefern. Dennoch bin ich gänzlich in ihrer Hand.

Ich habe den Tod meiner Schwiegermutter geplant und veranlasst, sie also gewissermaßen ermordet. Ich war überzeugt, es wäre zum Besten aller Beteiligten. Nach ihrem Tod, so hatte ich gehofft, würden meine Frau und ich endlich wieder harmonische Zweisamkeit genießen können.

Nach den langen Jahren der Kindererziehung hatten wir endlich begonnen, wieder zu dem Leben zurückzukehren, das wir geliebt hatten. Gemeinsame Wanderungen, Radtouren, Langlaufen, Skiausflüge, darauf hatte ich jahrzehntelang verzichten müssen. Gerne und freiwillig begleitete ich meine Frau auch auf Städtereisen und zum Shopping, obwohl diese Form der Freizeitgestaltung nicht zu meinen Vorlieben zählt.

Eine Krankheit meiner Schwiegermutter führte jedoch binnen kurzem zu fortschreitender Demenz und Pflegebedürftigkeit. Was meine Frau dazu veranlasste, von gemeinsamen Unternehmungen mit mir immer öfter abzusehen, um in ihrer kargen Freizeit ihre Mutter – soweit möglich – zu pflegen.

In diesen Wochen und Monaten begann meine Frau in Depressionen zu verfallen, obwohl ich in unserem eigenen Haushalt fast alle Pflichten auf mich genommen hatte. Unmittelbar nach der Arbeit fuhr sie zu ihrer Mutter und sank dann oft erst um neun, zehn Uhr abends völlig erschöpft zu Hause auf ein Sofa. Versuche meinerseits, sie mit kleinen Köstlichkeiten zu verwöhnen, scheiterten meist, da sie nichts anderes wollte, als schlafen zu gehen. Auch die Wochenenden vergingen mit Krankenbesuchen und Besorgungen für Mamá.

Ich geriet in düstere Stimmungen. Meine Vorhaltungen, soweit möglich sachlich und ruhig vorgebracht, verfehlten ihre Wirkung. Sie solle die Schwiegermutter professioneller Pflege überlassen. Erwägen, sie in ein Seniorenheim zu übersiedeln. Mobile Pflegeeinrichtungen in Anspruch nehmen. All dies lehnte meine Frau, gegen jede Vernunft, rundweg ab. Natürlich kam es auch, das möchte ich keineswegs in Abrede stellen, zu unschönen Szenen zwischen uns. Mein zunehmender Alkoholkonsum wurde nur noch durch den Medikamentenmissbrauch meiner Frau übertroffen. So konnte, so durfte es nicht weitergehen.

So sann ich auf Abhilfe. Ich begann, meine Frau zuweilen zu bitten, von der Pflege ihrer Mutter zu erzählen, was sie nach anfänglicher Skepsis bereitwillig und ausführlich tat. Ich interessierte mich vor allem für die Gefahren, denen sich meine Schwiegermutter unbewusst aussetzte, denn sie mochten Ansätze zur endgültigen Lösung des Problems bieten. So erfuhr ich zum Beispiel von ihrer – für eine Frau ihres Alters ungewöhnlichen – riskanten Gewohnheit, in ihrem Lehnstuhl Zigaretten zu rauchen. Oft verfehlte sie beim Abklopfen der Asche den bereitgestellten Aschenbecher, manchmal entfiel ihr eine brennende Zigarette, gelegentlich schlief sie mit einer solchen zwischen den Fingern einfach ein. Brandlöcher in Teppich und Stuhlpolsterung waren bislang leider die einzigen Folgen geblieben. Auch versuchte sie immer noch, selbst Essen zu kochen, und vergaß dabei in schöner Regelmäßigkeit Töpfe und Pfannen auf glühend heißen Herdplatten, die meine Frau aber bisher noch immer rechtzeitig hatte abschalten können.

Weiters hatte sie mir erzählt, dass Mamá mit ihrem Rollstuhl nur noch im Erdgeschoß ihres Hauses manövrierfähig war, dass jedoch die Kellertreppe eine unkalkulierbare Gefahrenquelle darstellte. Die Tür zu derselben, die bisher meist offen gestanden war, hatte meine Frau mittlerweile abgesperrt und den Schlüssel abgezogen und versteckt. Bei Mamá hatte diese Vorgangsweise Tobsuchtsanfälle ausgelöst. Man entmündige sie.

Je unerträglicher unser gemeinsames Leben wurde – aufgrund des seelischen Zustandes meiner Frau war auch jedes Sexualleben zum Erliegen gekommen –, desto mehr wuchs in mir der Wunsch, den Pflegling gänzlich aus unserem gemeinsamen Leben entfernt zu sehen. Die Frage war nur, ob ich überhaupt dazu in der Lage wäre, eine vage Phantasie zuerst in einen konkreten Plan und danach in eine Tat umzusetzen.

Ich begann, meine Frau öfters zu begleiten unter dem Vorwand, zur Hand gehen zu wollen. Bei diesen Gelegenheiten versuchte ich genau zu beobachten, wann und wie meine Schwiegermutter in eventuell Erfolg versprechende gefährliche Situationen geriet. Es blieb leider jedoch vorerst bei der Hoffnung, die Nikotinsucht der Schwiegermutter möge irgendwann eine Lösung herbeiführen.

Endlich, nachdem ich fünf quälende Samstage im Moder der Krankheit und des Alters verbracht hatte, trat die ersehnte Situation ein. Wir saßen bei Kaffee und Kuchen. Mamá liebte Hefegebäck mit Butter und Marillenmarmelade zu dünnem Filterkaffee, der ihr nicht süß genug sein konnte. Das Glas Marillenmarmelade auf dem Tisch war nahezu leer, sodass meine Frau ein frisches holen musste. Die – natürlich von meiner Frau – selbst eingekochten Marmeladen waren im Keller eingelagert. Meine Gattin bat mich, darauf zu achten, dass Mamá nicht in die Nähe der Kellertreppe komme, sie fahre ihr gelegentlich nach, wenn sie zu lange fortbleibe.

Tatsächlich wurde Mamá unruhig, sobald meine Frau das Zimmer verlassen hatte, fragte und rief nach ihr. Ich ließ sie gewähren. Sekunden später schob sie ihren Rollstuhl langsam an, rollte, immer wieder unter Stöhnen anschiebend, durch die Küche und war eben auf der Schwelle zum Vorzimmer, direkt gegenüber der Kellertür, als ich sie anhielt. Begütigend erklärte ich, meine Frau käme gleich, sie solle sich beruhigen. Sie fuhr jedoch fort, nach ihrer Tochter zu rufen, als hätte sie mich nicht verstanden, bis meine Frau atemlos aus dem Keller gehetzt kam.

Meine Phantasie reifte zum Vorhaben. Noch war ich überzeugt, niemals einen Mord vollbringen zu können, doch ein Zufall kam mir zu Hilfe. Meine Frau erkrankte und beauftragte mich, so schwer es ihr fiel, mit der Betreuung von Mamá.

Ich will es kurz machen: Während meine Schwiegermutter fortwährend nach ihrer abwesenden Tochter rief, bereitete ich Kaffee zu, stellte frisch gekauftes Hefegebäck auf den Tisch, deckte den Tisch und erklärte Mamá, dass ich die Marillenmarmelade erst aus dem Keller holen müsse.

Hinter der Tür eines Kellerraums wartete ich, bis ihre Rufe näher kamen. Der sprichwörtliche Angstschweiß stand mir im Gesicht, ich zitterte, mein Puls raste. Immer wieder liest oder hört man in Medien von kaltblütigen Tätern, die ihre Verbrechen begehen, ohne mit der Wimper zu zucken. Was für ein Unfug. Sie haben keine Ahnung, wie belastend eine Mordtat ist. Emotionslose Killer – völliger Unsinn. Schon vor dem Tod des Opfers ist man dem Zusammenbruch nahe. Ich schlotterte, und mehr als nur meine Wimpern zuckten.

Die Rufe kamen näher, sie musste am oberen Ende der Treppe angehalten haben. Wieder rief sie nach ihrer Tochter. Um die Sache zu beschleunigen, rief ich mit verstellter Stimme um Hilfe. Wenig später krachte und polterte es, Mamá stöhnte kurz auf, dann Stille. Ich wagte mich nicht aus meinem Versteck. Wenn sie nun noch lebte? Mehrmals glaubte ich, ein Ächzen und Stöhnen zu vernehmen, das aber leiser wurde. Auch die Abstände dazwischen wurden länger. Ich blieb stocksteif – doch es durfte nicht zu lange zugewartet werden: Ich musste den Notarzt und meine Frau benachrichtigen, es durfte keine nachweisbare Verzögerung bei der Alarmierung geben.

Ich kam hervor, versuchte, den Blick abzuwenden. Mamá lag seltsam verkrümmt am Fuß der Treppe, der Rollstuhl auf ihr. Ich drückte mich an ihr vorbei, so wie ich es als Kind getan hatte, wenn eine große Spinne in einem Mauerwinkel hockte.

Die Anrufe bei der Rettung und meiner Frau gelangen mir aufgewühlt und kurzatmig, ohne dass ich mich verstellen musste. Aber in dem Moment, als ich nach dem Gespräch mit meiner Frau das Handy zugeklappt hatte, wurde mir ein Fehler klar: Ich hatte keine Erste Hilfe geleistet. Kein besorgter Schwiegersohn würde Mamá so, wie sie lag, liegen lassen.

Ich stürzte die Kellertreppe hinunter, schleuderte den Rollstuhl zur Seite, zerrte Mamá, sie unter den Armen festhaltend, so aus ihrer Position, dass sie auf dem Rücken lag, legte trotz aufkommenden Ekels einen Finger an ihre Halsschlagader, spürte keinen Puls, brachte sie in die stabile Seitenlage und hörte das Klingeln. Ich hetzte treppauf, riss die Tür auf, stand erregt und zittrig vor den Rettungsleuten und stammelte: „Unten, unten im Keller!"

Ein Weinkrampf, der mich nun zu schütteln begann, veranlasste den Notarzt, skeptisch die Augenbrauen hochzuziehen. Eine so starke emotionale Reaktion auf einen Unfall der Schwiegermutter erschien ihm wohl unglaubwürdig. Ich verfolgte erschüttert die Arbeiten der Rettungsleute vom Treppenabsatz aus, als meine Frau – schweißnass, rotäugig, provisorisch gekleidet und ungeschminkt – eintraf. Ein Blick voll Zorn und Verachtung traf mich.

Man brachte Mamá zwar noch ins Krankenhaus, doch sie verstarb am selben Tag. Meine Frau sprach an diesem Tag nicht mehr mit mir, doch ich hoffte, sie würde an ihren unausgesprochenen Anschuldigungen bald zu zweifeln beginnen und sie schließlich begraben.

In der Nacht konnte ich nicht einschlafen. Kaum hatte ich die Augen geschlossen, kam meine Schwiegermutter mit blutigem Gesicht im Rollstuhl auf mich zugefahren, ich befand mich am Ende eines engen Ganges, der einem Bergwerksstollen glich. Mit knochigen Fingern deutete sie auf mich. Bringst du mir jetzt die Marillenmarmelade? Ihre Stimme hatte einen drohenden Unterton. Zahllose fürchterliche Male wiederholte sich die Szene.

Und als ich, schweißgebadet und keuchend, endgültig aufwachte, drehte sich meine Frau zu mir herum: „Es war noch Marillenmarmelade im Kühlschrank."

Modell: Moussy Lace, Farbe: Passion Red

Sie war nervös, obwohl es dafür eigentlich keinen Anlass gab. Aber immer, wenn sie am Bahnsteig stand und auf einen Zug wartete, tauchte diese Unruhe auf. Ob sie einen Platz bekommen würde. Wer neben ihr sitzen würde. Wie schlimm das Gedränge beim Einsteigen sein würde. Sie musterte die Wartenden, die alle, wie ihr schien, bewusst ins Leere starrten. Sie wollte es ihnen gleichtun, erspähte dabei jedoch links hinter sich einen jungen Mann, der seine Blicke auf ihre Beine gerichtet hatte. Als er spürte, dass auch er beobachtet wurde, drehte er seinen Kopf pfeifend zur Seite.

Sie hielt Ausschau nach dem Zug, als könnte sie ihn dadurch dazu bewegen, endlich aufzutauchen. Tatsächlich kam die rote Lokomotive am Ausgang einer Kurve in Sicht. Sie trat einen Schritt zurück, dennoch flatterten Haare und Rock im Fahrtwind. Als der Zug quietschend zum Stehen kam, fand sie sich einige Meter von einer Tür entfernt. Der junge Mann von vorhin stand grinsend davor, die Hand an der Haltestange. Er lud sie mit einer Bewegung ein, vor ihm einzusteigen. Ihr war klar, dass er sich eine noch bessere Aussicht auf ihre Beine erhoffte, sie nahm die Einladung aber dennoch wortlos und ohne ein Lächeln an. Sie hoffte, dass er sich nicht neben sie setzen würde.

Sie hasste es, Entscheidungen treffen zu müssen wie die, die jetzt bevorstand. Zu wem sollte sie sich setzen? Warum hatte sie auch unbedingt alleine nach Innsbruck fahren müssen? Sie hätte warten können, bis Julian fuhr. Oder sie hätte Stefan fragen können, ob er noch einen Platz im Auto hatte. Zu spät.

Überall schien es ihr zu eng, viele Reisende hatten auch Taschen oder Rucksäcke auf den Sitzen neben sich abgestellt und vermieden krampfhaft Blickkontakt mit den neu Zugestiegenen. Etwa in der Mitte des Waggons fand sich eine Vierergruppe, in der nur ein Platz besetzt war. Der Fensterplatz, entgegen der Fahrtrichtung. „Ist hier noch frei?" Der junge Mann lächelte und nickte ihr zu. Er schien gepflegt, etwas älter als sie, trug einen gut geschnittenen grauen Anzug und eine rote Krawatte. Kurz überlegte sie, ob sie den Fensterplatz nehmen sollte, entschied sich aber dagegen, um mehr Fußfreiheit zu haben und ihrem Gegenüber nicht zu nahe zu kommen.

Als sie ihren Trolley anhob, sprang er auf. „Darf ich ...?" Sie schüttelte den Kopf. „Dazu reicht meine Kraft schon noch!" Sie musste ihm ja nicht gleich auf die Nase binden, dass sie vor zwei Jahren erst Staatsmeisterin im Rudern geworden war und auch mit einem doppelt so schweren Koffer keine Mühe gehabt hätte. Hoffentlich würde er jetzt nicht beginnen, auf sie einzureden. Die Blicke der Männer waren oft schon lästig genug, aber wenn sie mit mühsamer Konversation begannen, um sie zu beeindrucken, blieb ihr meist nur die Flucht. In ein Skriptum, ein Buch oder, wenn es denn gar nicht anders ging, in einen anderen Waggon.

Sie schlug die Beine übereinander und wünschte sich, eine Hose oder wenigstens einen längeren Rock angezogen zu haben. Der junge Mann verbarg sein Gesicht hinter einer lachsfarbenen Zeitung, sie holte das Buch hervor, das sie gerade zu lesen begonnen hatte, und hoffte, dass er es nicht als Anlass für ein Gespräch, womöglich noch über Literatur, missbrauchen würde. Ihr entging nicht, dass er gelegentlich Blicke hinter seiner Zeitung hervorschoss. Auf ihre Augen, ihre Brüste, ihre Beine. Nicht unangenehm und bedrängend. Eher bewundernd. Man hätte sie sogar als Komplimente auffassen können. Es war nur eine Frage der Zeit, bis er sie anquatschen würde. Ihr wurde warm. Immer war es in diesen Zügen zu heiß, zu kalt oder zu zugig. Hoffentlich würden sich keine Flecken unter ihren Achseln bilden. Sie merkte, wie sich ein Schweißtropfen von ihrem Hals löste und auf den Weg hinunter zwischen die Brüste machte. Sie nahm den obersten Knopf der Bluse zwischen zwei Finger und schüttelte ihn, um etwas frische Luft unter den Stoff zu fächeln.

Der junge Mann legte seine Zeitung beiseite. „Heiß?", fragte er lächelnd. Es war etwas in seinen Augen, das sie beunruhigte. Sehr klar, sehr aufmerksam. Er war wirklich attraktiv. Eigentlich genau ihr Typ. Dunkelhaarig, etwas herb, kantiges Kinn, nicht gerade frisch rasiert. Kurze Haare, die aber Naturwellen oder sogar eine leichte Krause erahnen ließen. Er roch auch gut. Was war das bloß für ein Parfum ... Sie meinte, es zu erkennen. Ob sie es schon einmal verschenkt hatte?

Sie legte das Buch in ihren Schoß. Sie war ihm fast dankbar, dass er endlich die Unterhaltung eröffnet hatte, denn sie war ohnehin unvermeidlich gewesen. „Ja", nickte sie. „Diese Klimaanlagen ..." Nicht besonders geistreich, doch mehr hatte sie im Moment nicht zu bieten. Ob er eine Freundin hatte?

„Auf dem Weg zu einem Shooting?" Sie verdrehte innerlich die Augen. Das war ein wenig viel gewesen für den ersten Satz. Jetzt würde er gleich hinzufügen, dass sie sicherlich ein Model sei, denn mit solchen Beinen, und einem solchen Gesicht, und so weiter, und so weiter. „Dabei sehen Sie eigentlich gar nicht wie ein Model aus." Was? Was war das? War das eine Beleidigung, oder konnte er Gedanken lesen? Sie zog ihre Stirn in Falten.

„Keine Angst!" Er lächelte und hielt ihr beschwichtigend die offenen Handflächen entgegen. „Ich wollte Sie nicht beleidigen. Models sind viel zu dünn, außerdem sieht Ihr Gesicht viel zu intelligent aus für den Job. Sie scheinen viel nachzudenken." Sie war zu verwirrt, um gleich zu antworten. Wollte er damit sagen, dass sie zu dick war? Konnte man von einer Ruderin erwarten, dass sie mager wie ein Stecken durch die Gegend stöckelte? Sie musste jetzt etwas erwidern, um nicht blöd dazustehen.

„Nachdenken stimmt schon." Hatte er damit andeuten wollen, dass sie Falten im Gesicht hatte? Die bekam man ja angeblich vom Nachdenken. „Sehen Sie!", antwortete er. Wenig später wusste sie von ihm, dass er Rechtsanwalt war. „Auf dem Weg nach Innsbruck. Zu einem Gerichtstermin." Sie lächelte. Zum ersten Mal, seit er die Unterhaltung begonnen hatte. „Ich habe immer gedacht, Rechtsanwälte fahren zu ihren Terminen in dicken schwarzen Limousinen." Er grinste. Diese Augen. Die hatten wirklich etwas. Etwas Tiefes. Man meinte, weit in die Ferne zu blicken.

„In zehn Jahren vielleicht. Jetzt muss ich mir erst einmal meine Sporen verdienen, sozusagen. Ich muss morgen gleich in der Früh am Gericht sein, deshalb bin ich schon heute Abend unterwegs. Und Sie?" Ohne es wirklich zu wollen, hatte sie ihm wenige Minuten später erzählt, dass sie Molekularbiologie studierte und gerade mit ihrer Masterarbeit beschäftigt war. Dann hoffe sie, in einem Pharmaunternehmen einen interessanten Forschungsjob antreten zu können.

Die Konversation war auf dem besten Wege, wieder einzuschlafen. Er blickte aus dem Fenster, durch das es außer Dunkelheit und vorbeihuschenden Lichtern nichts zu sehen gab. Sie gab einem plötzlichen Impuls nach, streifte die Schuhe von den Füßen und legte sie auf den Sitz gegenüber. Vielleicht lohnte es sich, diesen Mann näher kennen zu lernen. Er bemerkte die Bewegung, ließ seine Blicke lange und ruhig auf ihren Beinen ruhen, gab keinen Kommentar ab und rückte, wieder aus dem Fenster blickend, ein wenig nach rechts, sodass sie nun mit Zehen und Rist sein Gesäß berührte. Sie zog die Beine nicht zurück. Die Berührung war ihr angenehm, fast elektrisierend. Sie wagte nicht, ihre Füße zu bewegen, um durch nichts den Eindruck zu erwecken, sich einladend zu verhalten.

Er nahm seine Zeitung schweigend wieder auf. Sie meinte, eine Bewegung zu spüren, die von seinem Gesäß herrührte, und rückte ihre Füße nun doch ein wenig ab, sodass sie seinen Körper nicht mehr berührten. Wenig später sank die Zeitung wiederum auf seinen Schoß, und sie erkannte, dass seine Augen zugefallen waren. Sein Mund war leicht geöffnet und gab regelmäßige, etwas spitze Zähne frei. Sie waren blütenweiß. Weißer als ihre eigenen. Sie mochte Menschen mit gepflegten Zähnen, wenig war ihr unangenehmer, als mit Menschen zu tun zu haben, deren Gebiss von Farbe und Regelmäßigkeit her an die Steinkreise von Stonehenge erinnerte.

Der Zug hielt in Salzburg und sie blickte neugierig auf den Bahnsteig hinaus. Sicherlich würde sich jemand zu ihnen setzen. Sie würde ihre Beine vom Sitz gegenüber nehmen müssen, und auch eine Wiederaufnahme des Gesprächs stand in Frage, falls sich jemand zwischen sie drängen würde. Sie beschloss, so zu tun, als ob sie schliefe. Vielleicht würden potentielle Sitznachbarn dann vorübergehen. Sie schloss die Augen.

Gleich darauf öffnete sie sie wieder. Der Zug war bereits wieder mit hoher Geschwindigkeit unterwegs. Man konnte das Rucken und Schlingern auf den Gleisen spüren. Sie musste gegen ihren Willen eingenickt sein und hatte die Abfahrt aus Salzburg völlig verpasst. Der junge Mann schlief noch immer. Sie richtete ihre Blicke auf seine Krawatte. So eine wollte sie auch haben. Sie würde zu der – übrigens viel zu dünnen und durchsichtigen – weißen Bluse passen, die sie heute trug. Genau diese Krawatte wollte sie zu ihrer weißen Bluse tragen. Und zwar jetzt.

Sie griff nach der Krawatte und zog den Kopf des jungen Mannes langsam an sich heran. Der wachte nicht einmal auf, verschwamm aber vor ihren Augen. Sie konnte durch ihn hindurch die schwarze Sitzpolsterung mit dem roten Kopfteil sehen.

Sie schreckte aus ihrem Traum auf. Der junge Mann war ebenfalls wieder aufgewacht und lächelte. „Sie haben sehr nett ausgesehen, schlafend." Sie nahm ihre Beine vom Sitz gegenüber, richtete sich auf und zog ihre Bluse zurecht. Die war allerdings tatsächlich dünn und fast durchsichtig. Sie wischte sich übers Kinn. Etwas Spucke war ihr im Schlaf aus dem Mund gelaufen. Ja, das hatte sicher entzückend ausgesehen.

„Ich denke, meine Krawatte würde gut zu Ihrer Bluse passen." Er zog am Knoten, löste ihn und überreichte ihr das Stück Seidenstoff. Was war das? Hatte sie im Schlaf gesprochen? Hatte sie am Ende doch gar nicht geschlafen? Oder konnte der Mann ihre Gedanken lesen? Schwindel erfasste sie, als sie die Krawatte annahm. Was sollte sie sagen? Ihre Kehle war wie zugeschnürt. „Leg sie um!" Sie war so durcheinander, dass sie nicht entscheiden konnte, ob der junge Mann gesprochen oder sie selbst laut gedacht hatte. Tatsächlich legte sie sich die Krawatte um den Hals. Die Seide war hauchdünn. Sie entschied sich für einen doppelten Windsor. Oft genug hatte sie ihrem Bruder die Krawatten gebunden, und auch dem Vater, denn der beherrschte nur einen einzigen Knoten. „Das sieht gut aus. Das sieht sogar sehr gut aus!" Wieder lächelte der junge Mann.

„Haben Sie nach Ihrem Gerichtstermin schon etwas vor?" Sie hatte keine Ahnung, warum dieser Satz aus ihrem Mund geschlüpft war. Sie machte so etwas nicht. Hatte es noch nie nötig gehabt. Die Männer fragten, und sie lehnte in der Regel ab. So war das gewesen, seit sie 16 war. „Bis jetzt nicht, aber wahrscheinlich gleich!" Sein

Lächeln war einem ernsten Blick gewichen, warmherzig konnte man ihn nicht nennen, dazu waren seine Augen zu tief. Viel zu tief. Man konnte sich in ihnen verlieren, aber es war nicht nur Angenehmes, das sie in ihnen sah. Fast konnte man glauben, dass der junge Mann sie dazu brachte, genau das zu tun, was er wollte. Ein unangenehmes Gefühl begann sich neben dem wachsenden Begehren in ihrem Bauch festzuklammern. Konnte es sein, dass diese Mischung aus Erwartung, Erregung und Angst ein Cocktail war, der süchtig machte?

Schluss mit diesen Gedanken. Sie musste sich wieder unter Kontrolle bekommen. „Schauen wir einmal, vielleicht habe ich auch Zeit." Sie hob ihr Buch, aber es gelang ihr nicht, sich auf den Text zu konzentrieren. Wieder und wieder begann sie am oberen Rand der Seite zu lesen, aber ihr Kopf war beherrscht von dem, was der nächste Tag für sie bereithalten würde. Oder vielleicht schon die kommende Nacht, wer konnte das wissen?

Eine kalte Dusche, das wäre jetzt genau das Richtige gewesen, um sich aus diesen abstrusen Gedankengängen herauszureißen. Stattdessen aber machte sich in ihren Gedanken das Bild von einer gemeinsamen heißen Dusche breit. Sie hatte immer noch die Krawatte um den Hals geschlungen. Er zog sie daran sanft an seine Lippen. Ihre Brust lag an seiner.

Sie stand auf und schwankte, sich an den Sitzlehnen festhaltend, den Gang entlang. Sie wollte aufs Klo, obwohl sie nicht musste. Sich bewegen. Sich aus seinem Einfluss wegbegeben, seinem Blick entfliehen. Auf der Toilette spritzte sie sich kaltes Wasser ins Gesicht. So. Schluss jetzt. Kein Wort mehr. Sie würde die Krawatte zurückgeben und kein Wort mehr mit ihm reden. Aus.

Aber es gelang ihr nicht, seinen Augen auszuweichen, als sie wieder auf ihrem Platz saß. Das Gefühl innerer Unruhe nahm die Ausmaße von Magenschmerzen an.

Was wäre, wenn sie den Spieß einmal umdrehte? Ihn manipulierte, anstatt sich beeinflussen zu lassen? Sieh aus dem Fenster und streich dir mit dem Zeigefinger über den Nasenrücken, dachte sie. Sie erschrak, als der junge Mann tatsächlich genau das tat. „Ich heiße übrigens Samuel", sagte er. Für sein Alter, dachte sie, ein ungewöhnlicher Name. Männer seines Alters hießen Daniel, Florian oder Sebastian. Die Samuel-Welle war erst später gekommen.

„Anna." Sie hatte sich unbewusst für ihren zweiten Vornamen entschieden, den sie nur selten gebrauchte. „Das überrascht mich", antwortete er. „Ich hätte Sie als Virginia oder Victoria eingeschätzt." Wieder dieses Lächeln. Sie verspürte einen glühenden Nadelstich in ihren Eingeweiden. Wie hatte er erraten können, dass Anna nur ihr zweiter Vorname war, Victoria dagegen ihr erster? Stand er ihr etwa auf der Stirn geschrieben?

„Ich muss mich mit irgendwas angesteckt haben", murmelte sie. „Ich fühle mich gar nicht gut." Um den Aufruhr in ihrem Inneren zu bekämpfen, lehnte sie sich zurück und schloss die Augen. Sie hörte ihn in einer Tasche kramen. Sie wusste, er würde ihr eine Tablette anbieten. Warum hatte sie auch zu dieser dummen Ausrede Zuflucht genommen?

„Hier, eine Parkemed!" Er öffnete mit seiner Hand ihre linke und drückte eine Tablette in ihre Handfläche. Seine Finger schienen ihr heiß, glühend heiß, sie zuckte zurück und öffnete die Augen. Misstrauisch beäugte sie die Folie in ihrer Hand, in die die Tablette noch verpackt war. Verstohlen las sie den Schriftzug des bekannten Medikaments. Anscheinend wollte er sie doch weder betäuben noch vergiften. „Ich hol mir schnell ein Wasser ..." Sie hatte vorgehabt, die Tablette in einem Abfalleimer zu entsorgen, doch er streckte ihr eine Wasserflasche entgegen. „Noch versiegelt, Sie brauchen also keine Angst zu haben."

Wenige Sekunden später war die Tablette in ihrem Magen, hinuntergespült von einem Schluck Mineralwasser. Aus seiner Flasche. „Eigentlich haben mir meine Eltern beigebracht, nichts von Fremden anzunehmen", versuchte sie mit einem zaghaften Lächeln einen Scherz. Innerlich aber schalt sie sich für ihre Dummheit. Ein Medikament von einem Fremden anzunehmen und zu schlucken, wenn man nicht einmal krank war. Wie hatte er sie nur so weit bringen können?

„Ich hätte auch gern ein Souvenir von Ihnen, ist das möglich?" Sie überlegte fieberhaft und strich mit den Fingern über die rote Krawatte. Ja, sie würde es tun. Sie stand auf, ging auf die Toilette, raffte den Rock hoch, löste die Strümpfe von ihrem Strumpfbandgürtel, hakte den Gürtel auf und barg ihn in ihrer Faust. Die Strümpfe würden ohne ihn halten müssen, bis sie zu Hause ankam. Eine Woge der Erregung überflutete sie, und gleichzeitig konnte sich ihr Verstand nicht erklären, wieso sie so etwas tat. Das war doch nicht sie selbst!

Sie kehrte zurück zu ihrem Platz, stopfte den Strumpfhaltergürtel in die rechte Außentasche seines Sakkos und flüsterte: „Wehe, Sie holen das jetzt heraus!" Er steckte die Finger in seine Sakkotasche und fühlte nach dem Gegenstand, den sie darin versenkt hatte. Ein fast diabolisches Lächeln glitt kurz über seine Züge. Sie war froh, als der Zug in diesem Moment die ersten Lichter von Innsbruck erreichte.

„Wie kann ich Sie finden?", fragte der junge Mann, als der Zug seine Geschwindigkeit verringerte. „Das werden Sie schon schaffen", versuchte sie sich herauszureden. Wider Erwarten schwieg er und lächelte, ohne nochmals nachzufragen.

Wenn er sich recht erinnerte, hatte ihm die junge Frau, die schlafend in ihrem Sitz lag, eine Fahrkarte bis Innsbruck gezeigt. Wie konnte man nur so tief schlafen? Der Zug befand sich bereits in Vorarlberg, heute würde sie nicht mehr nach Innsbruck zurückkommen. Er sprach sie zunächst leise, dann lauter an. „Fräulein, aufwachen! Sie haben Innsbruck verpasst!" Als er sie sanft an der Schulter packte, glitt sie zur Seite, der Kopf rutschte auf den Sitz, das lange schwarze Haar floss zu Boden. „Um Gottes willen!" Der Schaffner tastete am Hals nach ihrem Puls, fühlte nichts und holte sein Mobiltelefon heraus.

Die Polizei fand später eine rote Seidenkrawatte in der Handtasche der toten Frau. Auf dem Fensterplatz schräg gegenüber lag ein Strumpfhaltergürtel der Marke Victoria's Secret, Modell Moussy Lace, in der Farbe Passion Red.

Pisser

Das Klebeband schnürt mir die Handgelenke ab, meine Hände sind taub, ich kann die Finger nur mühsam bewegen. Sie scheinen angeschwollen, aber ich spüre sie nicht mehr richtig. Wenn ich mich nicht an den Strohballen lehnen könnte, wäre ich schon umgefallen. Draußen höre ich sie noch, sie spielen Fußball. Immer Fußball. Was anderes als Fußball existiert in ihren Hirnen nicht. Wenn man stattdessen gut klettern oder Rad fahren kann, dann zählt das nicht, zumindest nicht bei ihnen.

Es war natürlich nur Spaß, dass sie mich gefesselt und eingeschlossen haben. Es ist immer nur Spaß. Das in der Schule, gestern, das war natürlich auch nur ein Spaß, als mich Manuel in die Klasse gestoßen hat. Mein Jausenbrot ist mir aus der Hand gerutscht, und ich bin der Länge nach auf den Boden geklatscht. Dann hat er mich in die Seite getreten, und ein anderer hat mir den Brotaufstrich im Gesicht verschmiert. Aber da hat mir wenigstens der Herr Professor Faber geholfen, den man sonst meist grauhaarig und müde und mit gesenktem Kopf durch die Gänge schleichen sieht. Er hat den Manuel am Kragen gepackt und ihn von mir weggerissen, dann habe ich nur mehr den Manuel wimmern und den Professor brüllen gehört.

Minuten später ist Manuel grinsend wieder zurück in die Klasse gekommen. Wie üblich hat er mir gedroht. Ich wisse schon, was passieren würde, wenn ich jemandem etwas sage. Es ist ja immer das Gleiche, und die Erwachsenen glauben es auch noch. Natürlich werde ich nie jemandem darüber erzählen, wie Manuel mich quält. Die Rache wäre fürchterlich. Und er würde es auch nicht begreifen: Würde er bestraft, wäre natürlich ich, das Opfer, daran schuld. Nicht er, der Täter.

Am Nachmittag hat mich Manuels Mutter angerufen, von seinem Handy aus. Sie war fürchterlich aufgeregt, weil der Professor Faber den Manuel geschlagen haben soll. Ich wäre doch Zeuge gewesen, ich müsste doch alles gesehen haben. Ich habe kurz gezögert – war es tatsächlich möglich, dass Manuel mich als Zeuge gegen Professor Faber genannt hat? Gegenüber seiner Mutter? Es sei alles nur Spaß gewesen, bestätigte ich. Der Herr Professor müsse da etwas missverstanden haben. Nein, Manuel habe mich nicht angegriffen, mir sei auch nichts passiert. Die Mutter war zufrieden. Manuel, so versicherte sie mir, tue doch so etwas nicht. Sie könne sich das überhaupt nicht vorstellen. Er sei doch so ein liebes Kind. Ob ich nicht auch dieser Meinung sei? Ich sagte zu allem nur ja. Natürlich. Er sei nett, ja, wir seien Freunde. Nicht einmal der liebe Gott persönlich hätte seine Mutter davon überzeugen können, dass Manuel ein mieser Mobber war, eine üble Ratte. Ich natürlich schon gar nicht.

Später stellte sich heraus, dass Manuels Eltern sich beim Direktor beschwert hatten. Professor Faber hatte sich rechtfertigen müssen, vor dem Direktor und den Eltern. Sogar das angebliche Opfer der angeblichen Aggression ihres Sohnes – ich – hätte bestätigt, dass gar nichts vorgefallen war, der Lehrer völlig überreagiert hatte. Manuel erzählte überall herum, dass der Direktor und sein Vater Professor Faber fertiggemacht hätten. Und Professor Faber müsse Manuel als Entschädigung einmal zu einem Essen bei McDonald's einladen. Dort könnte man sich aussprechen, soll der Direktor gesagt haben. Was davon wahr ist, das will ich gar nicht wissen.

Ich weiß nur, dass Manuel ein paar Tage später in der Pause einem anderen Kind auf den Rücken gesprungen ist und es niedergerissen hat. Beim Buffet war das, Dutzende Kinder konnten zusehen. Sein Opfer hatte sich um eine Wurstsemmel angestellt, als der Angriff passierte.

Statt mit Mitleid reagierten die umstehenden Kinder nur mit Gelächter. Aufsicht hatte Professor Faber. Er beobachtete die Szene, drehte sich um und tappte müde und kopfschüttelnd davon.

Über mir wirft ein schmales Fenster einen rautenförmigen Sonnenfleck an die Wand gegenüber. Der Fleck wandert immer weiter nach oben. Schatten von ein paar Blättern tanzen in dem hellen Rechteck, und Staubfasern wirbeln im Schein der tief stehenden Sonne durch die Luft. Draußen ist es ruhig geworden. Sie sind wohl heimgegangen. Auf mich haben sie vergessen. Ist ja egal, was mit mir passiert. Irgendwann wird einer kommen, mir vorwerfen, dass ich stinke und ein Loser oder ein Opfer sei. Dann werden sie mich losbinden und mir erklären, was alles passieren wird, wenn ich irgendjemandem erzähle, wo ich heute Nachmittag war.

Ich habe in die Hose gemacht. Zuletzt hat meine Blase fast unerträglich geschmerzt, aber alle Anstrengung hat nichts genützt, plötzlich ist sie von selbst ausgelaufen, und ich habe zunächst feuchte Wärme gespürt, dann nur noch nasse Kälte. Außerdem stinkt es. Natürlich werden sie es weitererzählen. Er hat sich vor lauter Angst in die Hose gepisst. Pisser werden sie mich dann alle nennen.

Ihre Geschichte wird ungefähr so lauten: Wir haben ihn kurz in den Schuppen gesperrt, es war ja nur ein Spiel. Indianer und Cowboys. Oder Star Wars, von mir aus. Und da hat er sich gleich vor lauter Angst in die Hose gepisst. Der Pisser! Wahrscheinlich wird man die Geschichte noch ausschmücken und behaupten, ich hätte nach meiner Mama gerufen und mich angeschissen. In solchen Dingen sind sie ja kreativ. Und im Turnunterricht wird man mir dann die Shorts herunterreißen: Man müsse schließlich kontrollieren, ob ich mir wieder in die Hose gemacht habe. Und außerdem würde man sich demonstrativ die Nase mit zwei Fingern zuhalten: Da kommt der Hosenscheißer!

Der Sonnenfleck ist weg. Es wird dunkler. Und kälter. Die nasse Hose klebt kalt an meinen Beinen, und ich beginne zu frieren. Mein Handy läutet. Wahrscheinlich werden meine Eltern wissen wollen, wo ich bin. Es ist sicherlich schon längst Essenszeit. Nachdem sie mich nicht erreicht hat, wird Mama bei meinen „Freunden" anrufen. Sie nennt sie immer „Freunde", obwohl sie wissen müsste, dass ich keine habe. Nur Theo, aber der ist längst in einer anderen Schule, und wir schreiben uns nur noch. Theo ist schon lange geflüchtet. Mama will es einfach nicht wahrhaben, wie ich gequält werde, obwohl sie es zumindest ahnen müsste. Sie spricht nur von „Freunden", weil sie sich unbedingt wünscht, es gäbe welche.

Gegenüber von mir lehnen ein paar Werkzeuge an der Wand, ein Rechen, ein paar Schaufeln, eine Spitzhacke. Ihre Umrisse werden immer schemenhafter, und bald werde ich sie nicht mehr sehen können. Grillen zirpen draußen, Vögel zwitschern. Für andere mag es ein schöner lauer Abend werden.

Gestern ist einer von ihnen in der Pause zu mir gekommen: Du hast heute keine Hausübung, ist das klar, du Opfer? Es war nicht das erste Mal, dass sie mich zwingen wollten, zu behaupten, ich hätte meine Hausübung vergessen. Gestern habe ich zum ersten Mal getan, was sie wollten. Davor hatte ich mich immer geweigert, meine Hausübung vorgezeigt und dafür in der Pause danach meine Strafe bekommen. Zunächst auffällig und nachweisbar: festhalten und mit Filzstift beschmieren, Schultasche aus dem Fenster werfen und so weiter. Dann hatte es doch einmal Ärger gegeben, weil Frau Professor Zumtobel sie dabei erwischt hatte, wie sie auf mir gekniet waren und mir einen Riesenpenis auf den Bauch malten. Dass sie dafür bestraft wurden, war natürlich auch wieder meine Schuld: Ich hatte schließlich nicht gehorcht und meine Hausübung vorgezeigt. Prügel waren die Folge gewesen.

Nach diesem Vorfall gingen sie unauffälliger vor: ein Schlag gegen die Brille, dass das Gestell wieder einmal verzogen war. Oh, Entschuldigung, das war natürlich nicht Absicht. Ein Tritt zwischen die Beine, dass ich mich krümmte, und sofort wieder fröhlich pfeifend auf dem Weg anderswohin.

Ich mache meine Hausübungen gerne. Es gehört zu den schönsten Zeiten des Tages, wenn ich mich in der Sicherheit meines Zimmers hinsetzen kann, ein leeres Blatt Papier vor mir, das ich in Ruhe beschreibe, ohne dass mir irgendjemand etwas tun kann. Denken und lernen ist für mich viel einfacher, als einmal ohne Ohrfeigen aus der Schule heimzukommen. Es befriedigt mich, wenn eine Aufgabe sauber und vollständig in meinem Heft steht. Ich verstehe gar nicht, wie man so blöd sein kann wie manche von denen. Sie wissen auf keine Frage eine sinnvolle Antwort. Manchmal kann ich ihren Zorn verstehen, wenn sie erkennen, dass ich weiß, was sie noch nie verstanden haben. Ich kann nichts dafür, dass ich hungrig nach Wissen bin.

Wo ist jetzt Frankreich?, hatte Professor Grün gefragt und auf die Landkarte gedeutet. Natürlich war es die Nummer 9, was sonst? Manuel stotterte herum, er hatte offensichtlich keine Ahnung. Sonst gab er zwar an, was das Zeug hielt: Auf den Seychellen sei er schon gewesen, auf den Malediven und in Thailand sowieso. Und wenn ich mich recht erinnerte, hatte er auch schon einmal damit geprotzt, im Eurodisneyland gewesen zu sein. Aber wo Frankreich auf der Landkarte war – keine Ahnung. Herr Professor Grün tat mir keinen Gefallen, als er mich ansprach: Ich wüsste das sicher. Natürlich wäre es besser gewesen, Herrn Professor G. darauf hinzuweisen, dass das auch für mich eine viel zu schwierige Frage sei. Aber dieses Mal hatte ich meinen Mund nicht halten können und richtig geantwortet. Und auch, dass Usbekistan die

Nummer 43 war und die Nummer 76 Lettland, hatte ich gewusst. Dafür musste nach dieser Stunde mein Handy bezahlen. Zu Hause erklärte ich, es wäre mir auf der Toilette aus der Hose gerutscht. Mama seufzte. Es sei eine Tragödie, wie ungeschickt ich manchmal sei.

Es fällt mir schwer zu atmen. Der Heustaub in der Luft verstopft meine Nasenlöcher. Aber das Klebeband über dem Mund ist dicht, ich kann nur durch die Nase atmen. Manchmal wird die Luft knapp, ich habe Angst davor, in Panik zu geraten. Es ist ein Gefühl, als wäre ich zu lange getaucht und könnte nicht atmen, weil ich noch immer unter der Wasseroberfläche ...

Ich muss ruhig atmen, um genügend Luft zu bekommen. Mama sucht mich sicher schon. Meine „Freunde" werden natürlich lügen, wenn sie überhaupt ans Telefon gehen. Ich hätte mit ihnen Fußball gespielt, nein, etwas Besonderes wäre nicht vorgekommen, nein, ich wäre ganz normal nach Hause gegangen. Sie wüssten von nichts. Und die Eltern würden sich bestätigt fühlen – ihre Kinder waren ja zu Hause, nur der komische Vogel aus ihrer Klasse, der Streber, der war verlorengegangen. Wahrscheinlich zu dumm, um alleine nach Hause zu finden.

Ohne dass ich es wirklich gemerkt habe, ist es jetzt vollständig dunkel geworden, und ich habe unglaublichen Durst. Ich muss schon lange hier sitzen, denn meine Hose ist mittlerweile wieder fast trocken. Durch das Fenster über mir fällt bleiches Licht, vielleicht ist der Mond aufgegangen, oder es leuchtet eine weit entfernte Straßenlaterne durch die Luke. Ich bin mir nicht sicher, ob ich geschlafen habe. Ich spüre meine Beine nicht mehr.

Ich muss mich zwingen, Beine und Arme so gut wie möglich zu bewegen, damit der Kreislauf wieder in Schwung kommt. Eine Zeitlang bin ich damit beschäftigt, die Arme anzuziehen, soweit es geht, und dann wieder zu strecken. Zehnmal die Arme, zehnmal die Beine. Nach einiger Zeit beginnt es zu kribbeln, ich habe es geschafft. Ich muss das jetzt regelmäßig machen, sonst kann ich nicht mehr aufstehen, wenn mich jemand befreit.

Ein anderes Problem sind die falschen Schuhe. Das war das einzige Mal, dass ich auch zugeschlagen habe. Man braucht unbedingt in Sklavenarbeit in der Dritten Welt gefertigte Markenschuhe, um in Ruhe gelassen zu werden. Meine Schuhe sind zwar auch aus Sklavenarbeit, aber billig. Einer von ihnen hat sich darüber lustig gemacht, meine Eltern wären zu blöd, um genug Geld für die richtigen Schuhe zu verdienen. Da bin ich ausgerastet, weil ich es nicht zulasse, dass jemand meine Eltern beleidigt. Obwohl ich meinen Vater schon lange nicht mehr gesehen habe.

Natürlich endete die Geschichte damit, dass der, den ich geschlagen hatte, sofort heulend zu unserem Klassenvorstand lief. Jede Menge Zeugen bestätigten, dass ich angefangen hätte, ich hätte ihn geschlagen, ohne jeden Grund. Unser Klassenvorstand ist nicht dumm, sie wusste natürlich ganz genau, was gelaufen war. Sie wollte mit mir alleine sprechen.

Ich bin gerne mit ihr alleine. Sie ist eine schöne Frau, und es gefällt mir, wenn ich ihr gegenübersitze und ihre dunklen Haare und ihre weißen Zähne ansehen kann, die gleichmäßig in zwei Reihen stehen. Nicht so wie meine. Sie ist immer freundlich zu mir, und sie hat sogar einen Vorzug gegenüber Mama: Sie kennt sich aus, wie es in der Schule läuft, ihr kann man nichts vormachen. Womit hat er dich so beleidigt, dass du zugeschlagen hast?, wollte sie wissen, das ist doch nicht deine Art? Ich sagte nichts. Es hat keinen Sinn, etwas zu sagen. Ob ich etwas sagen würde oder nicht, es würde auf jeden Fall Prügel geben, wenn ich in die Klasse zurückkam, weil sie einfach davon ausgingen, ich hätte sie verraten. Es heißt dann, ich stelle mich gegen die Klassengemeinschaft. Wer sich nicht widerspruchslos schlagen lässt, stellt sich gegen die Klassengemeinschaft. Sie seufzte und ließ mich gehen. Sie wusste, dass sie mir nicht helfen konnte. Wie denn auch?

Ich habe geschlafen. Dabei bin ich umgefallen und liege jetzt vor dem großen Strohballen auf dem Boden. Draußen ist es wieder hell. Ich habe fürchterlichen Durst. Ich muss mich bewegen, und ich muss nachdenken. Was wird sich seit gestern Abend getan haben? Mama hat wohl die Polizei verständigt, weil ich spätabends immer noch nicht zu Hause war. Warum habe ich keine Polizisten gehört? Warum habe ich nichts davon mitbekommen, dass ich gesucht werde? Es gibt nur einen möglichen Grund: Sie haben die Suchmannschaft in die Irre geschickt, damit sie Gelegenheit haben, mich selbst zu befreien, und es nicht auffliegt, was sie getan haben. Bald wird wohl einer von ihnen hier auftauchen.

Ich fasse einen Plan. Dafür ist es wichtig, dass ich mich gut bewegen kann, dass meine Arme und Beine nicht taub und steif sind. Im Liegen geht es sogar besser als im Sitzen. Arme auf und ab. Es schmerzt, aber das ist egal. Finger bewegen, Fäuste ballen, loslassen, wieder ballen. Beine anziehen, Beine strecken, Fußgelenke bewegen, rotieren lassen, soweit das Klebeband es zulässt. Es schmerzt furchtbar, aber mein Ziel lässt mich den Schmerz vergessen. Auch die Schultern kann ich bewegen, sie kreisen lassen, den Kopf vor und zurück strecken. Der Durst ist zwar kaum mehr zu ertragen, aber ich kann mich wenigstens bewegen.

Plötzlich rüttelt jemand an der Tür.

Es ist einer von ihnen. Ich kann sein blödes Grinsen nicht sehen, denn ich liege mit den Augen von der Tür abgewandt. Puh, hier stinkt's! Man hört an seinem nasalen Ton, dass er sich mit den Fingern demonstrativ die Nase zuhält. Ein anderer lacht laut. Sie sind also mindestens zu zweit. Wie er über den gelungenen Witz seines Freundes mit zugehaltener Nase lachen kann. Die Sau hat sich angepisst, schreit der andere, so eine Drecksau. Mehrmals wiederholen sie ihre Beschimpfungen, aber ich bewege mich nicht. Das ist wichtig, dass man das Gleiche oft wiederholt. Damit es die anderen auch sicher verstehen. Manuel beispielsweise, der schafft es locker, mich vor dem Turnen in der Umkleidekabine zwölfmal als Hosenscheißer zu bezeichnen. Wahrscheinlich muss er sichergehen, dass alle anderen es zumindest einmal gehört und auch kapiert haben.

Es sind zwei, nicht mehr. Keine weitere Stimme. Ich mag gar nicht hingehen zu der Drecksau, er stinkt so, sagt der Erste. Dann aber merke ich, wie sich jemand an dem Klebeband um meine Fußgelenke zu schaffen macht. Ich höre ein Ratschen, meine Beine sind frei. Dann schneidet einer von ihnen das Klebeband um meine Handgelenke durch. Das Herz pocht mir bis ins Gehirn. Ich springe auf, stolpere, rapple mich hoch und reiße eine Schaufel von der Wand, eine mit langem Stiel und großem, dreieckigem Schaufelblatt. Ich hole aus und schwinge sie gegen die beiden. Sie sind so überrascht, dass sie sich nicht bewegen. Einen von ihnen treffe ich am Kopf. Er sackt zusammen. Der andere starrt mich entsetzt an und sucht schreiend das Weite. Ich setze mich wieder vor den Strohballen. Das Klebeband vor dem Mund reiße ich mir selber herunter. Ich habe noch nie so befreit aufgeatmet. Er liegt still da. Blut sickert ihm aus Ohren, Nase und Mund.

Dienstschluss

Es würde das letzte Mal sein, das hatte er sich fest vorgenommen, das allerletzte. So oder so, egal, wie die Sache diesmal ausgehen würde. Er konnte so nicht mehr weitermachen. Ein halbes Jahr hatte er jetzt durchgehalten, ein ganzes halbes Jahr, sechs Monate. Das war ihm zuvor noch nie gelungen, oft hatte er es schon nach wenigen Monaten, oft Wochen, wieder tun müssen. Das konnte ja keiner verstehen, es war wie Durst. Heftiger, unstillbarer, erstickender Durst. Der einem die Sinne raubte, den Schlaf, alles. Zu einem Durstigen sagte doch auch niemand, du musst dich eben beherrschen, du musst das unterdrücken, so geht das nicht. Man muss sich eben unter Kontrolle haben, das wäre ja noch schöner. Sagte man das einem Durstigen? Natürlich nicht. Dem gab man zu trinken. Verdurstende nahm man sogar in den Arm, flößte ihnen zärtlich Tropfen um Tropfen ein, legte sie in einen Rettungswagen, in ein Krankenhausbett.

Um ihn hatte sich nie jemand so gekümmert. Er hatte alles gelesen, was über ihn geschrieben wurde. Ein Monster sei er, kaltblütig, grausam und gewissenlos. Die hatten ja keine Ahnung. Kaltblütig, was für ein Unsinn. Bis zum Zerreißen gespannt war er jedes Mal gewesen, bis es endlich vollbracht gewesen war.

Seit mehr als einer Stunde saß er nun schon im Wagen, fuhr hierhin, dorthin. Die Uniformhose hatte er bereits an, die Jacke lag auf dem Rücksitz. Niemand hatte Angst vor einem Sanitäter, dachte an etwas Böses. Das rote Kreuz auf dem Rücken war sozusagen wie ein Ritterschlag. Hier hatte man es mit jemandem zu tun, der einem half. Auf den man sich verlassen konnte. Dem man vertrauen konnte. Niemals war in der Zeitung etwas von einem verdächtigen Sanitäter in der Nähe des Tatorts gestanden. Sanitäter waren dort ja ein selbstverständliches Bild, niemandem fielen sie auf. Eine in jeder Beziehung hervorragende Tarnung.

Außerdem konnte man seine Tätigkeit ja auch durchaus als hilfreich, segenbringend einstufen. Niemand musste sich mehr mit der Mühsal des Alltags herumschlagen, wenn er eingegriffen hatte. Keine Sorgen um den Arbeitsplatz, keine ums Geld, kein Liebeskummer. Dafür sorgte er.

Manche hielten ihn sogar fälschlicherweise für einen Notarzt. Wenn er dann korrigierte, er sei nur ein einfacher Sanitäter, hatte er schon doppelt gewonnen. Er konnte ja wohl kein Hochstapler sein, wenn er einen ihm angebotenen Titel ablehnte. Man fasste Vertrauen. Vertrauen, das war ohnehin das Wichtigste bei seiner Tätigkeit. Ohne das Vertrauen seiner Partnerinnen wäre es ihm niemals möglich gewesen, seinen Durst zu stillen.

Rund um die Landdiscos und Zeltfeste, so um drei oder vier Uhr früh, das war sein Arbeitsgebiet. Man glaubte gar nicht, wie viele junge Frauen dort, oft in aller Einsamkeit, zu Fuß oder mit dem Fahrrad unterwegs waren. Was waren ihre Geschichten? Vom Freund im Stich gelassen, entweder weil er sinnlos betrunken in irgendeiner Ackerfurche lag oder weil er seine Nase in den Ausschnitt einer anderen gesteckt hatte. Niemand hätte ihm geglaubt, wie viele Mädchen besinnungslos vor Alkohol und Drogen durch die Nacht wankten. Er hatte sie allerdings lieber nüchtern. Es brachte ihn aus dem Konzept, wenn sie sein Auto vollkotzten oder wenn ihre Kleider schon über und über mit Dreck aus Wiesen und Äckern beschmutzt waren. Beides war ihm mehr als einmal passiert.

Manche Mädchen hatte er sogar mehr oder weniger wirklich gerettet. Wenn sie, nur zum Beispiel, auf einer Kühlerhaube lagen und versuchten, einen betrunkenen Burschen von sich wegzustoßen, der schon die Hosen heruntergelassen hatte. Erfassten seine Autoscheinwerfer eine solche Szene, ließ der junge Mann gewöhnlich von seinem Opfer ab und flüchtete. Zwei oder drei der Mädchen, so erinnerte er sich, waren danach zu ihm ins Auto gestiegen. Wieder andere waren sogar die Landstraßen entlang unterwegs. Der einen war die Freundin abhandengekommen, die zu irgendeinem Kerl ins Auto gestiegen war, die andere womöglich sogar auf der Flucht vor einem zudringlichen Autolenker. Er war immer willkommen.

Hin und wieder, das musste er eingestehen, tat sich auch zwei oder drei Nächte lang gar nichts. Das war natürlich besonders unangenehm, wenn ihn der Durst schon heftig quälte. Dennoch – man durfte keine Unvorsichtigkeit begehen, nicht zu viel riskieren. Obwohl er sich manchmal schon, wenn er besonders litt, auf eine Bank ins Shopping Center setzte, um die Mädchen zu beobachten, die hier ihrer offenbar liebsten Freizeitbeschäftigung nachgingen. Wenn er da saß, mit einem Burger und einem Cola in der Hand, fiel er nicht weiter auf. In der Nähe von Schulen hatte er sich auch bisweilen herumgetrieben, doch da trafen ihn zu häufig misstrauische Blicke der Eltern, die ihre Fratzen direkt vor dem Schultor mit geöffneter Limousinentür in Empfang nahmen. Früher, da war das anders gewesen. Da waren Kinder noch durch den Wald zu Fuß nach Hause marschiert. Obwohl, das war ihm wichtig festzuhalten, Kinder interessierten ihn nicht im Mindesten. Erwachsene Frauen, denen man auch ansah, dass sie Frauen waren, daran war er interessiert. Wie jung oder alt sie waren, war dabei gar nicht von Bedeutung, die jungen waren nur generell leichtsinniger und hielten sich auch viel häufiger nachts im Freien auf.

Er bog auf den Parkplatz ein, der für ein Zeltfest der Freiwilligen Feuerwehr auf einer Wiese angelegt worden war. Die Fahrbahnen zwischen den Reihen geparkter Autos waren bereits schlammig, und gelegentlich geriet er ins Rutschen. Im Dunkel konnte man Paare erkennen, die sich in und an den Autos aneinander vergnügten. Es war eine laue Nacht. Sein Durst wuchs. In der Ferne zuckten die Blaulichter eines Einsatzfahrzeugs. Am Ende des Parkplatzes umrundete er eine Reihe abgestellter Autos und fuhr in der nächsten Gasse wieder zurück.

Da sah er sie. Rote Schuhe, High Heels. Mühsam stakste sie auf den immer wieder im Dreck versinkenden Absätzen in Richtung Landstraße, wütend offenbar, ihre Haltung, ihr Schritt verrieten Zorn. Heftig schwang ihre Handtasche aus. Er fuhr an ihr vorbei, öffnete die Wagentür rechts. „Mitfahren?" Sie beugte sich zu ihm hinunter. Lange blonde Haare fielen über die Schulter, Brüste, die sich freundlich im Ausschnitt drängten, ein breites Lächeln. Sie schwang sich in den Sitz. „Ganz allein heute?" Sie stieß nur verächtlich und tonlos Luft aus. „Scheiß Dreck. Schau dir meine Schuhe an!" „Ja, der Regen. Jedes Wochenende schlechtes Wetter." Vertrauensbildende Maßnahme, über das Wetter zu reden.

„Und Sie?", fragte sie. Er fühlte sich von oben bis unten gemustert. „Dienstschluss?" Er nickte. „Bin gerade abgelöst worden." „Ach ja, die Alkoholleichen!" Umsichtig bog er auf die Zufahrt zur Landstraße ein, setzte den Blinker. Nur nicht auffallen. An der Kreuzung mit der Landstraße stand ein Feuerwehrmann mit Leuchtkelle. „Armer Hund!", lachte er. Es hatte gerade wieder zu regnen begonnen.

Er bog auf die Straße ein und beschleunigte sanft. „Ist Ihnen was passiert? Probleme?" Sie schnaubte nur verächtlich und vollführte eine wegwerfende Handbewegung gegen die Windschutzscheibe hin. „Nicht wirklich. Das Übliche halt." Ihre Stimme klang kräftig und etwas älter, als er das vorhin im Dunkeln vermutet hätte. Er warf einen verstohlenen Blick zum Beifahrersitz hinüber. Kurzer weißer Rock. Kräftige Beine, muskulös. Sie duftete auch. In ihm regte sich etwas.

Irgendwo hinter dem Armaturenbrett hob ein sanftes Geklingel an, begleitet von einem pulsierenden Leuchten in der Mittelkonsole. „Bitte anschnallen. Sonst hört das nicht auf." Er lächelte. „Das Übliche?", wiederholte er, doch sie ließ sich nicht aus der Reserve locken. „Ja", bestätigte sie. „Das Übliche." Die Konversation wollte nicht so recht in Gang kommen. War sie vielleicht zu wenig betrunken? Zu stark? Zu wachsam? Hatte er das falsche Opfer ausgewählt? Er riskierte einen Blick zur Seite auf ihr Haar, ihre Brüste, ihre Beine. Er fühlte den Durst stärker. Er konnte nicht mehr zurück. Jetzt galt es, locker zu bleiben. Wenn sie gewusst hätte, wie schwer ihm das fiel.

„Wo darf ich Sie denn absetzen?" „Einfach in der Stadt, im Zentrum, bei der Sparkasse, wenn Sie dort vorbeikommen." Er nickte. Es waren noch zwei, drei Minuten bis dorthin. Seine Erregung stieg. In jeder Beziehung. Das war schon ein Teil des Durstlöschens, die Anbahnung, der Weg zum Ziel, die Minuten, in denen sie noch glaubten, es werde alles damit enden, dass sie aus dem Auto stiegen und nach Hause gingen.

Das Problem war, dass ihm mit der ansteigenden Erregung auch immer mehr die Worte fehlten, die ihn ganz harmlos und vertrauenswürdig erscheinen ließen. Er nahm eine Abzweigung zu hastig, die Reifen quietschten, sie wurde gegen ihn geschleudert. „He, willst du mich umbringen?" Sie lachte. Er musste sich beherrschen, sich besser kontrollieren. „Habe selten so schöne Beine im Auto. Macht mich nervös." Das hätte er jetzt nicht sagen sollen. Eine so vorschnelle Bemerkung konnte ihr Misstrauen schüren. Außerdem, hatte es nicht etwas gepresst geklungen? So, wie man sich vorstellte, dass ein Sittenstrolch sprach? Dabei war er das gar nicht, das sagte er ihnen auch immer wieder. Dass er nicht vorhatte, ihnen wehzutun, dass sie es genießen sollten, sich hingeben. Er war ja schließlich kein Unhold, weder hässlich noch unappetitlich. Im Gegenteil, er wusch sich penibel, davor, und zog frisch gewaschene Kleidung an. Nicht einmal auf die Zahnseide und die desinfizierende Munddusche vergaß er. Und er fügte ihnen schließlich auch keine unnötigen Schmerzen zu, niemals, das war ihm wichtig. Und außerdem achtete er darauf, dass es immer ganz plötzlich geschah.

Er rollte über den Stadtplatz. „Hier kannst du mich rauslassen." Er nickte, verzögerte und wartete auf den Moment, in dem sie nach dem Türgriff tastete. „Da, hier!" „Tschüss dann!" Es kam ihm vor, als klang ihre Stimme unsicher, als hätte sie Verdacht geschöpft. Er trat aufs Gas und betätigte den Knopf, der alle Türen sperrte. „He!", schrie sie, als sie in den Sitz zurückgeworfen wurde. „Was soll das? Lass mich sofort raus!" Die Panik, das Zittern in ihrer Stimme, das war es, das war der erste große Schluck, der schließlich dazu führen sollte, dass er ausgiebig trinken, ertrinken konnte und niemals mehr Durst fühlen musste.

Es dauerte nur wenige Sekunden, nur wenige hundert Meter, bis sie wieder aus den Lichtkegeln der Straßenbeleuchtung entkommen und in das Dunkel der Landstraße eingetaucht waren. „Du sollst mich rauslassen!" Sie hob den Fuß über die Mittelkonsole, um gegen seinen zu treten, der fest auf dem Gaspedal lag. Der Rock aber war zu eng, die Konsole zu hoch, er konnte sein Bein zurückziehen, bevor sie ihn traf. Er beschleunigte mit dem Tempomaten und grinste. Dennoch, ihre Gegenwehr war ihm unheimlich, bisher hatten sie sich immer hingekauert, an der Tür, möglichst weit weg von ihm, und zu jammern und zu heulen begonnen. Mit ihr musste er vorsichtig sein.

Das Geheule war ihm ohnehin immer zuwider gewesen. Sie konnten dann nicht mehr klar denken. Wenn er ihnen sagte, sie sollten den Rock höher schieben oder die Bluse aufmachen, heulten sie noch lauter, anstatt seine Anweisungen zu befolgen. Widerlich.

„Hör mal, wenn du willst, ich hol dir einen runter. Du bleibst stehen, und wir steigen aus." „Was glaubst du, wie blöd ich bin?", fauchte er. Es fiel ihm schwer, den Wagen unter Kontrolle zu halten, obwohl er die Strecke kannte und genau wusste, wo er hinwollte. Sie schien zu überlegen. „Wir können es auch hier machen. Aber du musst stehen bleiben. Ich versprech, ich hol dir einen runter. Wenn du mich dann gehen lässt." „Gehen lässt!", höhnte er. „Und du rennst dann sofort zur Polizei!" Im gleichen Moment fiel ihm ein, dass er sich verraten hatte. Jetzt wusste sie, dass er sie nicht mehr gehen lassen würde. Das war ihm noch nie passiert. Aber diese hier war anders, die machte ihn nervös, hatte ihn dazu gebracht, sich zu verraten.

Sie räusperte sich. „Überleg doch mal. Ich mach's mit dir. Keine Gewalt. Einfach so. Wenn ich dann zur Polizei renne, habe ich ja keine Beweise. Sie werden mir gar nicht glauben, wenn ich völlig unverletzt bin. Sie fragen immer nach Abwehrverletzungen." Er merkte, wie sie innehielt, als hätte sie etwas Falsches gesagt. „Das weißt du so genau?", fauchte er. „Was sie fragen. Woher weißt du denn das?" Er war zu schnell in eine Kurve gegangen, geriet aufs Bankett, der Wagen schlingerte, sie schrie auf. Momente später hatte er ihn wieder unter Kontrolle. „Wenn du einen Unfall baust, wird's auch nichts mit dem Sex!" Sie schien ihm zu ruhig, zu gefasst.

„Okay. Du lässt mich jetzt aussteigen. Ich zeige dich nicht an. Wir treffen uns morgen. Ich mache, was du willst. Oder gleich. Bleib stehen, und ich mache, was du willst." Ja, jetzt konnte er es endlich hören, spüren, wie die Angst ihre Stimme zu würgen begann, atemlos machte, und jedes ihrer Worte war ein Schluck für ihn, ein Schluck, der ihn labte, der seinem unergründlichen Durst zu trinken gab. Sie war also doch wie alle anderen. Ihr Atem wurde heftiger, abgehackter, sie zuckte unruhig mit den Händen. Dachte sie etwa daran, über ihn herzufallen? Nein. Jetzt begann sie zu schluchzen, riss am Türgriff.

Er bog von der schmalen asphaltierten Straße in einen Wald ab, eine Traktorspur, er wusste, noch hundert Meter konnte er fahren, dann musste er stehen bleiben, aber dort war niemand, niemals war jemand dort, es würde dunkel sein, sie würden im Dunkeln sein, und allein, ganz allein, und er würde trinken von ihrer Angst.

Er stoppte, stellte den Motor ab und hörte nur noch ihr Atmen. Es war dunkel. Es würde das letzte Mal sein. Das allerletzte Mal, komme, was da wolle. Nur noch ihr heftiges Atmen füllte den Raum. „Weißt du, ich habe ein Messer. Nur, damit du vorsichtig bist und keinen Blödsinn machst." Sie stöhnte auf. Er wandte sich ihr zu, konnte im matten, durch die Bäume gefilterten Mondlicht ihr Gesicht mehr erahnen als sehen, sah, wie sich ihre Brust im heftigen Atem hob und senkte. Er war glücklich, fast war sein Durst schon gelöscht, aber nur fast, es musste weitergehen, weiter, durfte hier nicht enden, musste vollendet werden, musste vollkommen werden.

Er zog sein Tuch aus der Hosentasche, das rote. Sie wandte ihm den Blick zu, so scharf und fest, wie er es nicht gewohnt war. Sie hatte zu wenig Angst, woher nahm sie ihren Mut? „Lass die Finger von mir!" Sollte, konnte das hier schiefgehen? Schnell schlang er ihr das Tuch um den Hals, zog ihren Kopf zu sich her, starrte zur Windschutzscheibe hinaus, in das undurchdringliche Dunkel. Hörte sie husten, würgen, spürte, wie sich ihre Fingernägel in seine Hände krallten, jedoch nichts mehr ausrichteten. Doch diesen Schluck konnte er nur mehr für Sekundenbruchteile genießen, dann verwandelte sich die Scheibe vor seinem Gesicht in einen milchigen weißen Nebel, in dem ein winziges schwarzes Loch klaffte, ein heißer Schmerz durchglühte seine Brust, er sah noch ein blaues, zuckendes Licht, dann nichts mehr. Es war das letzte Mal gewesen, das allerletzte, nie mehr würde er auf diese Art seinen Durst löschen müssen, ausgestanden, vorbei.

Abteilungsinspektor Karin Lechner riss die Wagentür auf, schleuderte die blonde Perücke zwischen die Bäume und fuhr sich hustend mit den Fingern beider Hände durch ihre schwarzen, stacheligen Haare. „Ihr blöden Vollidioten, was habt ihr euch gedacht? Warum habt ihr nicht früher zugegriffen?" Sie schlug die Hände vors Gesicht und begann haltlos zu schluchzen, unterbrochen von immer neuen Hustenanfällen. Mehrere Einsatzfahrzeuge hatten inzwischen ihre Scheinwerfer eingeschaltet, Blaulicht zuckte, Funkgeräte schnarrten. Ratlose Gesichter der Kollegen glänzten im fahlen Licht der Scheinwerfer und Taschenlampen. „Tut uns leid, aber ist ja eh noch gut gegangen ...", stotterte einer. „Der Befehl war zu warten, bis wir eindeutige Beweise hatten." „Und da müsst ihr warten, bis er mich erwürgt, und ihn dann totschießen? Ein Schulterschuss hätte genügt!"

Mehr als ein Stirnrunzeln wollte der hoch aufgeschossene Schütze, der Karin um mehr als einen Kopf überragte, nicht als Kommentar abgeben. „Was willst du denn? Wir haben den Sanitäter. Das war der Sinn der ganzen Aktion. Die Gefahr, der wir dich ausgesetzt haben, war kalkulierbar, denke ich."

Hinter den beiden Uniformierten war ein Kriminalbeamter im schwarzen Anzug aufgetaucht, der zu Karin trat und sie in den Arm nahm. „Gut gemacht. Gibt eine Prämie." Sie richtete sich auf. An der Schulter des Chefs schluchzen, das war denn doch zu viel. Sie hatte sich schon wieder unter Kontrolle. „Scheiß auf die Prämie!" Sie riss ihre roten Schuhe von den Füßen und schleuderte sie mit wütend ausladenden Bewegungen in den Wald. „Das nächste Mal könnt ihr euch selber den Lockvogel machen. Für mich war das garantiert das letzte Mal!"

Die Liebe des Tanzschülers

Sie tanzte mit mir. Ja, mit mir. Ich wagte nicht, sie fest an mich zu drücken, so wie es die dürre Tanzlehrerin mit ihrer schrillen Stimme ständig von uns verlangte, aber ich hielt ihre rechte Hand in meiner linken, hatte die rechte, schwitzende, auf ihren Rücken gelegt und berührte immer wieder ihre Hüften, ihre Oberschenkel. Um uns drehten sich in diesem scheußlichen Mehrzwecksaal, der mit den Brauntönen seiner Kunstholzoberflächen den guten Geschmack strapazierte, zahllose andere Paare, aber ich sah nur ihre langen, dunklen Haare, ihre Schulter mit der grünen Bluse darüber. „Seit – Schließen – Seit – Rück!", kreischte die Tanzlehrerin. Ich konnte mich nicht auf die Schritte konzentrieren, geriet immer wieder aus dem Takt. Meine Hand auf ihrem Rücken brannte wie Feuer. Ich versuchte, sie ein wenig fester an mich zu drücken, doch ich spürte Widerstand. „Lass das", sagte sie.

Nun liegst du in meinen Armen, ich sitze auf dem kühlen Erdboden, dein Kopf liegt an meiner Schulter, und ich streiche über deine Haare, drücke sie mit der Hand gegen mein Gesicht und atme ihren Duft ein. Es kann keinen schöneren Duft geben. Die Haare sind von deinem Blut verklebt, aber das macht nichts. Es ist dein Blut. Dein warmes Blut. Noch bist du ganz warm, und diese Stunden – oder sind es bloß Minuten? – muss ich genießen. Nur deine Nase ist schon kalt. Aber das ist ja nichts Besonderes, dein Näschen war sicher im letzten Winter auch oft eiskalt, und ich hätte es dir gerne gewärmt. Ich streiche dir sanft über den Rücken. Jede Rippe, jeden Wirbel spüre ich durch die dünne Bluse. Du hättest bei mir bleiben sollen, mich nicht einfach da stehen lassen sollen, dumm und mit hängenden Armen. Du hättest mir einfach schon früher vertrauen sollen. Denn jetzt musst du mir vertrauen, du kannst nicht anders. Ich werde dich in Sicherheit bringen, mich um dich kümmern. Immer. Bis ich selber sterbe. Vielleicht lege ich mich bald neben dich, um neben dir sanft einzuschlafen. Du kannst dich auf mich verlassen. Ich bleibe.

Wenn sie jemanden brauchte, der mit ihr Mathematik lernte, war ich da. Sie war ja nicht gerade eine Leuchte, ich war immerhin Durchschnitt, wenn ich mich bemühte. Und für sie bemühte ich mich. Ich bereitete ihr sogar jedes Mal einen Eisbecher zu, wenn wir zusammen lernten. Sie war begeistert. Wenn sie die Schule schwänzen wollte, um lieber am See baden zu gehen, fuhr ich sie mit dem Moped hin. Wir badeten zusammen, sie zog sich sogar ohne jede Scham vor mir um, während ich vor Sehnsucht nach ihrer warmen Haut Schmerzen litt, vom Bauch ausstrahlend bis in die pochenden Schläfen betäubte sie alle anderen Empfindungen.

Sie erzählte mir von ihren Freunden, immer wieder neuen, die alle schon über zwanzig waren, Geld verdienten, Autos fuhren, Motorräder besaßen, und die sie immer wieder enttäuschten. Mir wurde übel, wenn ich nur daran dachte, was sie mit ihr machten, was sie ihr antaten, ohne dass ihr begreiflich zu machen war, dass sie sich auf diese Männer niemals verlassen konnte, dass die niemals ganz für sie da sein würden, so wie ich. Sie verschwendete sich an Typen, die ihren Wert gar nicht erkannten. Die sie benutzten, wie man, zum Beispiel, ein Motorrad benutzt. Die sie herumzeigten. Seht mal, was ich für ein tolles Mädchen aufgerissen habe. Und sie ist erst siebzehn! Ich versuchte immer wieder, mit ihr darüber zu sprechen. „Was weißt denn du", sagte sie dann, „was verstehst denn du von der Liebe?"

Einmal fragte ich sie, ob ich ihr einen Kuss geben dürfte. „Warum sollte ich dich küssen?", antwortete sie. Ich sei ein Freund, erklärte sie mir, eher wie ein Bruder, jemand, mit dem man über alles reden könne, eigentlich fast wie eine Freundin. „Manchmal", sagte ich, „küssen sich auch Geschwister. Oder Freundinnen." Sie schob mich von sich. Sie wolle niemanden küssen, der praktisch zur Familie gehöre. Ich wollte aber weder ihr Bruder noch ihre Freundin sein, ich wollte sie für mich alleine, ich wollte ganz für sie da sein, für immer.

Du brauchst keine Angst vor mir zu haben, ich bin ja kein Mörder, und ein Sexualverbrecher schon gar nicht. Ich bin kein Monster, das einer Frau einen Stein über den Schädel schlägt, um sie dann auszuziehen und zu vergewaltigen. Ich werde dich nicht ausziehen, sondern anziehen. Du musst ja frieren in dem dünnen Zeug. Ich werde so bald wie möglich einen Mantel holen. Du musst dich allerdings mit dem von meiner Mutter begnügen. Ich werde dich in den Armen halten, dich festhalten, und an dir riechen, mein Gesicht in dich vergraben. Sehen kann ich fast gar nichts, denn es ist viel zu dunkel, aber das ist egal. Ich will nur spüren, dass du da bist, dass du ganz und gar mir gehörst.

Du wirst schwerer. Und kühler, ich kann es fühlen. Ich neige deinen Kopf von mir weg, wische dir das Blut aus dem Gesicht, streiche über deine Wangen, deine Nase, ziehe mit meinem Finger die Kontur deiner Lippen nach, denen ich nie nahe sein durfte. Jetzt werde ich dich küssen, und es wird schön sein. Ich kann mir so viel Glück noch gar nicht vorstellen.

„Warum nicht?", antwortete sie, als ich sie an einem der letzten Kursabende fragte, ob sie mit mir den Abschlussball des Tanzkurses eröffnen wolle. Nach der Pause sollte erstmals dafür geprobt werden. Ich verschwand kurz auf der Toilette, mein Herz pochte, meine Vorfreude kannte keine Grenzen. Danach suchte ich sie dort, wo wir uns getrennt hatten, fand sie jedoch nicht. Die Paare begannen schon, sich für die Probe der Eröffnung zu finden, aufzustellen, einzureihen. Nirgends war sie zu sehen. Doch, da! Sie hing am Arm eines anderen. Groß. Blond. Größer als ich. Und vor allem schlanker. „Du wolltest doch mit mir ...!"

Sie habe einfach darauf vergessen. Dem anderen habe sie es schon früher versprochen, viel früher. Darauf habe sie auch vergessen. Ich solle mich nicht so anstellen. Es sei ja schließlich egal, mit wem man diesen blöden Ball eröffne. Ich würde doch jemand anderen finden. Ich sah ihnen nach, wie sie zuerst zwischen den anderen Paaren und dann im Saal verschwanden. Ich blieb zurück. In mir zerbarst etwas, ich konnte es deutlich fühlen, die Stücke schabten aneinander, schmerzten.

Ich suchte keine andere, fand keine, wurde auch nicht gesucht oder gefunden. Mit anderen Burschen, die überzählig und damit übrig geblieben waren, drückte ich mich auf einer Stuhlreihe herum, die an einer Wand des Saales aufgestellt war. Keiner von uns, so versicherten wir uns gegenseitig, sei tatsächlich „übrig geblieben". Man habe von vornherein keinerlei Interesse an dieser langweiligen, spießigen Eröffnungsfeierlichkeit gehabt. Man sei im Gegenteil sogar froh darüber, dem unwürdigen Spektakel entkommen zu sein. Das sei ja lächerlich, was die Paare hier aufführten. Man habe gewiss Besseres und Interessanteres zu tun.

Meine Blicke folgten ihr. Ihre Haare schwangen bei Drehungen weit aus, genauso wie der schwarze Rock. Selig lächelte sie ihrem Tänzer zu, wer weiß, was er mit ihr heute noch anstellen würde. Mich ekelte, und mir wurde übel. Mein Magen krampfte sich zusammen, ich hatte das unangenehme Gefühl, in meinem verschwitzten Hemd festzustecken, eingesperrt zu sein, während ich vergeblich versuchte, mich aus dem Würgegriff der aufkommenden Panik zu befreien. Ich musste hier raus. Am besten, um mich gleich gegenüber in den Fluss zu stürzen. Dann, so hoffte ich, würde sie wenigstens an meinem Grab weinen. Ich begann, an dieser Vorstellung Gefallen zu finden.

Doch anstatt meinem Leben ein würdiges und dramatisches Ende zu bereiten, trank ich zusammen mit den anderen Bier aus dem Automaten. Mit dummen Sprüchen tarnten wir unsere Unzulänglichkeit, die dazu geführt hatte, dass wir nun der Ausschuss dieses Tanzkurses waren, und schlugen unsere Bierflaschen, einander zuprostend, gegeneinander. Ich konnte die Verzweiflung in den Gesichtern der anderen sehen, die in meinem eigenen nur erahnen. Die Tanzlehrerin schoss missbilligende Blicke in unsere Richtung ab. „Seit – Schließen – Seit – Rück!"

Verstehst du, das war ein Fehler, dass du ihn genommen und mich zurückgewiesen hast. Diese ganzen eitlen Affen nützen dich nur aus, die wissen es gar nicht zu würdigen, wie wunderbar du bist, wie einmalig schön. Die wollen sich bloß an dir vergnügen, an dir vergehen, dich missbrauchen. Ja, missbrauchen! Und dann werfen sie dich weg. Damit ist jetzt Schluss, endgültig Schluss, du hast Ruhe vor ihnen, ich werde dich von jetzt an beschützen. Ich muss dich an einen sicheren Ort tragen, und ich weiß auch schon, wo das sein wird. Du wirst mir eine schwere Last sein, aber für dich tue ich es. Es werden vielleicht zwei Kilometer sein, eine halbe Stunde. Eine Dreiviertelstunde, die Last und die Dunkelheit eingerechnet. Dort wird dich nie jemand finden, aber ich werde dich besuchen. Und beschützen. Ich lade dich jetzt auf meine Schulter.

Auf dem Bahnhof sah ich sie wieder, als wir nach dem Tanzkurs auf den Zug warteten. Ich machte ihr Vorwürfe. Kein Mensch könne ihr glauben, dass sie ihre Zusage vergessen habe während der drei Minuten, die ich auf der Toilette zugebracht hatte. Sie könne doch nicht mehreren das gleiche Versprechen geben. Was habe sie sich bloß dabei gedacht. Ich sei ja bereit, auf ihre Liebe zu verzichten, aber wenigstens tanzen könne sie mit mir. Der Blonde sei ein vollkommen verblödeter Lackaffe.

Sie zuckte nur mit den Schultern. Ich solle mich nicht so aufregen. Mich nicht in ihr Leben einmischen. Sie könne tun und lassen, was sie wolle. Mein Ton wurde lauter, vorwurfsvoller. Ich hielt sie am Arm fest, sie versuchte sich loszureißen, ich packte fester zu. Sie beklagte sich, ich tue ihr weh. Die Leute sähen schon her. In mir wurde etwas hart. Auch das spürte ich deutlich. So, wie vorher etwas gebrochen war, wurde jetzt etwas ganz starr. Ich musste mich zwingen loszulassen. Sie zischte mir zu, ich solle die Finger von ihr lassen, sie könne tanzen und sogar vögeln, mit wem sie wolle, nur mit mir werde sie beides nicht tun. Ich sei ja ein Irrer. Sie werde schreien, wenn ich nicht endlich Ruhe gäbe. Ich schwieg, denn ich wollte wenigstens auf den gemeinsamen Heimweg mit ihr nicht verzichten. Meine Zähne presste ich so heftig aufeinander, dass sie schmerzten. Das, was in mir erstarrt war, wurde immer kälter.

Ihr Haus lag weiter vom Bahnhof entfernt als meines. Ich erklärte ihr, sie unbedingt bis nach Hause begleiten zu müssen, sie sei sonst allein, der Weg sei dunkel, gefährlich. Sie machte sich lustig über mich, sie sei den Weg schon tausendmal gegangen, zu jeder Tages- und Nachtzeit. Als ich mich weiterhin an ihrer Seite hielt, gab sie es auf zu widersprechen, schritt aber einsilbig neben mir her. Wir erreichten eine Brücke über einen fast trockenen Bach, ein Wegstück ohne Straßenbeleuchtung.

Die Schuld liegt eindeutig bei dir. Ich habe dich ja nur gebeten, mir einen Kuss zu geben. Zum wiederholten Mal. Ich habe dir auch auseinandergesetzt, dass das weder schwierig noch ekelhaft sein würde. Ich hätte mir die Zähne geputzt und würde an keiner ansteckenden Krankheit leiden. Nicht einmal an Akne. Ich sei also in keiner Weise ekelerregend und nicht einmal hässlich. Außerdem, so führte ich ins Treffen, würdest du ja sonst Küssen keine so große Bedeutung beimessen, du würdest doch bald einmal jemanden küssen, und noch viel mehr. Ob ich etwa stinke, habe ich dich gefragt, nun schon ein wenig erregt. Ich fasste wieder nach deinem Arm. Natürlich musste ich dich festhalten, du hättest mir ja sonst nicht zugehört, du wärst einfach weitergegangen, weiter, bis ins Licht, wo uns jemand sehen hätte können, der die ganze Szene womöglich gründlich missverstanden hätte. Außerdem hast du auch zu laut gesprochen, und als ich daraufhin meine Hand auf deinen Mund pressen musste, hast du begonnen zu wimmern und zu stöhnen, und das war einfach falsch. Mir kann man doch trauen, zu mir muss man doch Vertrauen haben, mir kann man doch zuhören, mir muss man doch Gelegenheit geben, Dinge zu erklären. Und man muss mir zuhören, vor allem, zuhören!

Und als wir zusammen auf den Weg stürzten, weil ich dich nicht loslassen wollte, war da der Stein, und ich musste erreichen, dass es wieder still wurde, damit ich dir alles noch einmal in allen Einzelheiten erklären könnte. Und dann der Stein, und dann warst du ganz still, ganz weich, ich nahm dich auf den Schoß, und jetzt habe ich dir alles erklärt.

Wir sind an dem Ort, wo ich dich vorläufig in Sicherheit bringen werde. Siehst du den Spalt in der Uferböschung? Nein, dafür ist es wohl zu dunkel. Dahinter verbirgt sich eine kleine Höhle, von der nur ich weiß. Hier kommst du zur Ruhe. Ich bleibe noch, bis es hell wird. Ich kann dich doch hier im Dunklen nicht alleine lassen.

Heute kommt Erwin

Der Erwin, der kommt heute. Der mit dem großen Schnauzer, weißt eh. Der mit den Mayrhofnern. Du weißt schon, mit der Geige. Du kennst doch das Lied: „Mit Schnurrbart, Hut und Geige". Musst du doch kennen. Und ich allein da heroben. Ohne die Mama. Da kommen 100, 150 Leute. Wegen dem Erwin allein.

Was? Nein, die Mayrhofner, die kommen nicht mit. Er spielt allein. Aber der Erwin ist ja berühmt. Der Erwin ist der Einzige von denen, den wirklich jeder kennt. Wirst sehen, da kommen eine Menge Leute. Und ich – ganz allein. Ich hab keine Ahnung, wie sich das ausgehen soll. Wenn's nur wegen den Getränken wäre, das würd ich schon hinkriegen. Aber die wollen ja auch noch was essen. Brettljause. Zillertaler Krapfen und so weiter. Die meisten, zumindest. Und ohne die Mama, wie stellst du dir das vor, dass das geht.

Du brauchst nicht glauben, dass das da heroben immer nur eine Gaudi ist. Da stehst du in der Früh auf und da schaust du nur auf den Gletscher hinüber, sonst siehst du nicht viel. Wenn du da *zum ersten Mal* heraufkommst, da kann schon sein, dass dir das gefällt, aber wenn du dir das 120 Tage im Jahr anschaust, dann kommt dir der Gletscher bei den Ohren heraus, das kann ich dir sagen. Und die depperten Bergsteiger, die kommen daher, ob sie um fünf Uhr in der Früh schon ein Frühstück haben können. Weil sie heute noch dahin oder dorthin wollen, auf den Gipfel dort oder über den Sattel da. Und die Mama natürlich: „Das ist ja kein Problem, der Walter, der macht Ihnen ein super Frühstück, da gibt es nichts." Natürlich. Der Walter, der macht das. Der Walter macht ja alles. Der kennt zwar nicht viel von der Welt, aber der macht den einen um fünf Uhr Früh schon ein Frühstück, und mit den anderen soll er sich noch bis Mitternacht unterhalten, weil es so eine Gaudi ist da bei uns heroben. Und singen und eine Tracht tragen, das soll er auch noch, der Walter: „Ziehst eh wieder die Tracht an, gell, Walter? Bist so fesch damit!" Die Mama. Aber praktisch ist sie nicht, die Tracht. Schon gar nicht, wenn man von früh bis spät in der Küche steht.

Die Küche. Die schaut heute aus, da brauchst du gar nicht hineingehen. Wie ich das machen soll, mit dem Erwin, das kann ich mir noch gar nicht vorstellen. Walter, setz dich her zu uns. Sei ein bisserl gemütlich. Walter, was ist mit den drei Bier? Walter, trinkst einen Schnaps mit uns? Der Walter, verstehst du, der soll alles zugleich machen: „Hast die Zwiebeln fürs Gulasch schon geschnitten?" Die Mama. Natürlich hat der Walter die Zwiebeln fürs Gulasch noch nicht geschnitten, weil der Walter 15 Mal Frühstück herrichten muss. „Brauchst nicht glauben, dass mir das lustig ist, dass ich nicht mehr so kann wie früher!" Die Mama. Sie kann zwar nicht mehr so wie vor zehn Jahren, aber den Walter herumhetzen, das kann sie genauso wie früher.

Hat sie können. Jetzt, ohne die Mama, brauch ich mir wenigstens das nicht mehr anhören. „Walter, hast schon mit unten telefoniert, wegen der Materialseilbahn? Dass das gemacht wird?" Die Mama. Natürlich hat der Walter telefoniert. Wo er das Geld hernehmen soll für die Reparatur vom Drahtseil, das weiß der Walter allerdings nicht. „Man muss den Gästen schon etwas bieten, dann kommen sie auch gern wieder!" Die Mama. Ich lass mir jetzt selber ein Bier herunter. Da bei der Schank, da geht es ja noch. Da ist keine solche Sauerei wie in der Küche.

Wenn du dich dann da draußen hinsetzt, allein, mit einem Bier, dann ist es eigentlich eh nicht schlecht, da heroben. Ruhig ist es. Ohne die Mama, die dauernd herumkeift. „Was der Großvater und der Vater aufgebaut haben, das schmeißt man nicht so einfach weg, Walter. Dein Vater, Gott hab ihn selig, ich tät mir wünschen, dass er mich nicht so früh allein hätt gelassen, mit dir. Jetzt bist es ihm schon schuldig, und mir auch, dass du da heroben weitertust." Die Mama.

Ich wollt nach Innsbruck. Irgendwas arbeiten, vielleicht auch noch Kurse machen, in die Schule gehen. Vielleicht, wer weiß, sogar die Matura machen. Und dann auf die Universität. Vielleicht. Wär ja möglich gewesen. Jeder kann das machen. Wenn er sich bemüht. „Kannst mich doch nicht im Stich lassen, Walter, mit der Hütte! Ich ganz allein! Da kann ich mich doch gleich aufhängen!" Die Mama. Wenn's was gegeben hat, dann ist sie immer gleich mit ihren leeren Drohungen bei der Hand gewesen. Da kann sie sich ja gleich vor den Zug werfen, da kann sie sich ja gleich von der Staumauer unten beim Schlegeis-Speicher hinunterstürzen, da kann sie sich ja gleich aufhängen. Und der Walter hat natürlich nachgegeben, damit sie sich nicht vor die Zillertalbahn hinschmeißt. Die wär wahrscheinlich eh entgleist, rein schon wegen der Boshaftigkeit von der Mama.

Jetzt werden bald die Ersten kommen, wegen dem Erwin. Mir gefallen seine Lieder ja auch, verstehst du, ich tät mich gern hinsetzen und zuhören, mit einem Bier in der einen und einem Speckbrot in der anderen Hand. „Da om am Berg, wo der Enzian bliaht, da wohnt a Sennerbua ..." Aber das kannst du vergessen, wenn du selber der Wirt bist. Schon gar ohne die Mama. Natürlich fehlt sie mir jetzt, was glaubst du denn. Ganz allein kommst du da gar nicht zusammen, das ist ein Himmelfahrtskommando, mit 100, 150 Leuten.

Und dann die Maria. Verstehst du, das ist ja nicht so leicht, dass du überhaupt eine kennenlernst, wenn du da heroben hockst, die ganze Zeit. Und dann brauchst du auch nicht glauben, dass sich eine drum reißt, dass sie mit dir zusammen heroben am Berg festsitzt. Weil ohne Kino, ohne Disco, ohne Auto, da kommt dir keine so leicht. Und mit dem Pinzgauer, da kannst du sie nicht beeindrucken. Der hat ja nicht einmal einen Radio.

Und dann ist die Maria gekommen. Zuerst ist sie mir gar nicht besonders aufgefallen, weil es gibt ja viele, die öfter im Jahr heraufkommen. Dann ist sie manchmal auch bei Regen gekommen, und wenn Nebel war. Hab ich mir auch noch nichts gedacht, weil es gibt ja genug Verrückte, verstehst du, die sagen einfach, am Montag, da geh ich auf den Totenkopf. Und am Dienstag, da geh ich vielleicht auf die Friesenbergscharte. Was weiß ich. Die haben einen Plan. Und was auf dem Plan steht, das wird gemacht. Auch wenn der Regen waagrecht daherkommt und sie der Wind fast vom Weg hinunter zum Stausee bläst. Und zuerst hab ich mir gedacht, das ist auch so eine. Weil sie auch gar so sportlich dahergekommen ist.

Aber dann hat sie sich ein paar Mal zu mir zur Schank gestellt und geplaudert. Da hat die Mama eh schon so böse geschaut. Nur, weil ich mit ihr geredet habe. Ob ich nicht endlich das neue Bierfass anschließen gehen möchte? Und ob ich draußen schon abgeräumt hab? Da hat dann einmal die Maria hingeschaut zu ihr und hat gesagt: „Das mach ich. Das Abräumen." „Das geht nicht!", hat die Mama gekeppelt und mit ihrem Geschirrtuch herumgewedelt, „Das macht schon der Walter!" Der macht das schon. Der Walter, der macht ja alles. Die Sauerei in der Küche heute, die hat der Walter auch gemacht. Aber ob er sie auch wieder wegputzt, das muss sich der Walter noch gründlich überlegen. Und jetzt ist die Mama still. Ganz ruhig ist es da drinnen.

Die Maria. Die ist ja eigentlich, so wie ich, aus dem Tourismus gekommen. Und da auf dem Berg, hat sie gesagt, da kann sie es sich viel besser vorstellen wie in der Hotelrezeption, wo sie die ganze Zeit gearbeitet hat. Und dass ihr Chef schon ein Theater macht, wenn sie sich einen halben Tag freinimmt in der Woche, damit sie zu uns heraufkommen kann. Weil da ist man frei, hat sie gesagt.

Verstanden hab ich das nicht, weil ich mir unter Freiheit ganz was anderes vorstelle. Da stelle ich mir vor, dass ich vielleicht bis um fünf Uhr arbeite, und am Freitag bis Mittag. Und dann setze ich mich aufs Motorradl und fahr zum Baggersee und geh schwimmen. Und vielleicht, im Winter, setz ich mich einfach am Freitag zu Mittag in die Seilbahn und geh einmal Ski fahren. Wann glaubst denn du, dass ich zum Skifahren komme? „Walter, jetzt kannst nicht weg, heut ist ein schönes Wetter, da kommen Tourengeher. Da kannst du nicht selber Ski fahren!" Die Mama. Und der Walter, der ist halt dann nicht Ski gefahren.

Und die Maria, die hat mich dann immer so angeschaut. Du brauchst nicht glauben, dass ich mich nicht für Frauen interessiere. Die Maria, die hat mir schon gefallen. Aber die Frauen, war ich mir sicher, die interessieren sich nicht für mich. Wenn du als Hüttenwirt eine Frau suchst, da brauchst du fast schon so eine Fernsehsendung, wo sie dir ein paar schicken, und du suchst dir dann eine aus. Funktioniert natürlich eh nicht, weil die vom Fernsehen sind ja nur drauf aus, dass sich die Frauen blöd anstellen bei der Bauernarbeit und dass sie dann eine Gaudi haben. Die vom Fernsehen, mein ich, und die Zuschauer. Der Bauer und die Frauen, die sicher nicht.

Aber die Maria war anders, verstehst du. Sie hat abgewartet, bis die Mama einmal nicht da war. Die hat ja auch hie und da einmal zum Zahnarzt müssen, auch wenn sie nicht wollen hat. Und es ist ihr ja auch schon mühsam gewesen. Fast zwei Stunden hat sie herauf gebraucht, wie sie zum letzten Mal unten war. Und normal gehst du das in einer Stunde, sogar wenn du dir Zeit lässt. Und da hat mir die Maria dann gesagt, dass sie sich das gut vorstellen könnte, dass sie für immer bei mir heroben bleibt. Weil ihr die Ruhe so gut gefällt, und weil sie es mit mir aushalten könnte. Weil ich auch so ein Ruhiger bin, hat sie gemeint. Und wie es dann finster geworden ist, ist sie mit mir in mein Zimmer gegangen.

Aber in der Früh dann, da bin ich nervös geworden. Weil die Mama ja bald wieder kommt. Und wenn die dann die Maria sieht, oder wenn sie sie auf dem Weg trifft, dann weiß sie gleich, dass die Maria über Nacht bei mir heroben gewesen ist. Die Maria hat das gemerkt. „Nur das mit deiner Mama, da musst du was unternehmen. Weil wir drei da heroben, das geht nicht. Deine Mama kann ja eh schon längst in Pension gehen“, hat sie gesagt. Und ich bin immer mehr ins Schwitzen gekommen, verstehst du. Weil ich hab natürlich wollen, dass die Maria bei mir ist und die Mama geht. Aber jede Minute, die die Maria länger geblieben ist, desto gefährlicher ist es geworden. Dass die Mama draufkommt. Weil das mit der Pension und mit der Maria, das hat man der Mama schonend beibringen müssen. So mehr nach und nach. Nicht einfach: Mama, die Maria bleibt jetzt heroben bei mir, und sie schläft bei mir im Bett, und du gehst hinunter und in die Pension.

Und dann hab ich der Maria gesagt, schau, dass dich die Mama nicht sieht, wenn sie wieder heraufkommt. Und ich hab ihr das erklärt, mit dem Schonend-Beibringen. Da hat die Maria schon ein bisschen komisch geschaut. Aber dann ist es doch gut gegangen, und die Maria hat einfach hinter der Hütte gewartet, bis die Mama in der Stube war. Aber vorher hat sie noch gesagt, dass ich das schnell klären muss, mit der Mama. Und dass sie übermorgen eh wieder heraufkommt, weil sie darauf pfeift, wenn die Chefin wieder einmal zu toben anfängt, weil sie meint, dass sie immer noch nicht genug Schwarzgeld auf dem Konto haben. Weil wenn sie sich aufführt, hat die Maria gesagt, dann wird sie der Chefin einmal reinen Wein einschenken, wo der Chef bei seinem Personal überall die Finger hat.

Aber später dann hab ich einen Fehler gemacht. Weil ich zu wenig Zeit gehabt hab. Da hab ich die Mama so zwischen Geschirreinräumen und Gläserpolieren gefragt, ob sie sich nicht auch Enkelkinder wünschen tät. Und da ist die Mama explodiert. Weil blöd ist sie ja nicht gewesen, das kann man nicht sagen. Was ich mir einbilde. Und ob ich mit dieser Hyäne. Da hat sie natürlich die Maria gemeint. Und ob vielleicht schon was passiert ist, und ob ich vielleicht bei ihr schon ein Brot in den Ofen geschoben habe, und ob ich ihr vielleicht so ein Drecksweib und einen solchen Bastard ins Haus setzen will. Weil die doch da unten im Hotel die ganze Zeit herumhurt. Und dass sie ihren Sohn nicht an so eine verlieren will. Richtig ordinär ist die Mama geworden. Und dann hat sie zum Heulen angefangen. Und dann wieder, das kannst du dir ja vorstellen, dann ist wieder die Geschichte mit dem Zug gekommen, und mit der Staumauer. Und ich hab jetzt einmal wirklich gehofft, dass sie endlich Ernst macht. „Schmeiß dich doch vor den Zug!", hab ich geschrien. Und da hat mich die Mama ganz fassungslos angeschaut. Weil ich ja sonst nie zornig geworden bin. Der Walter, der hat immer alles bei sich behalten. Höchstens, dass mir die Wut beim Schnitzelklopfen einmal aus den Händen hinausgefahren ist und die Schnitzel dann ausgeschaut haben wie ein alter Putzfetzen.

Bis heute halt. Deswegen ja auch die Sauerei in der Küche. Und dann hat mir die Mama gedroht, dass sie sich dieses Weib selber vornehmen wird, weil die ja nur hinter meinem Geld her ist. Welches Geld, hab ich mich gefragt. Ich hab eh nie ein Geld gesehen. Wenn ich nur dran denk, was sie mir für einen Zirkus aufgeführt hat, wegen dem Motorradl.

Das Motorradl. Das war noch vor der Maria. Da hat die Mama nichts dagegen tun können. Weil wie der Vater gestorben ist, da hat er mir ein Sparbuch vermacht. Und wie ich das Geld in der Hand gehabt hab, da bin ich zum Händler hin und hab mir eine gebrauchte BMW gekauft. Gelb und schwarz. Noch nicht einmal fünf Jahre alt. 50 PS. Um 5.000 Euro, mehr war eh nicht drauf auf dem Sparbuch. Und wenn dann keine Saison war, da hab ich mich aufs Motorradl gesetzt und bin davongefahren. Nicht in die Berge hinein, wie die ganzen Touristen, sondern hinaus aus den Bergen, ins Tal, und nach Innsbruck. Oder zum Chiemsee. Weil es dort schön flach ist.

Aber was die Mama da aufgeführt hat, wegen dem Motorradl, das kannst du dir gar nicht vorstellen. Das war noch viel schlimmer als die üblichen Geschichten, vor den Zug und so. Hingekniet hat sie sich vor mich und die Hände gefaltet und gebettelt, dass ich nicht wegfahr. Und die ganze Zeit hat sie mir Zeitungsausschnitte hingelegt, beim Frühstück, wo wieder ein Motorradfahrer gegen eine Hausmauer oder gegen einen LKW gedonnert ist und sie ihn von dort regelrecht herunterkratzen haben müssen. Aber das kannst du dir nicht vorstellen, das war die einzige Zeit, wo ich mich richtig frei gefühlt hab, wenn ich auf dem Motorradl gesessen bin und die Mama weit weg war. Ich hab's ja beim Sepp drüben unterstellen müssen, weil die Mama, die hätt es mir glatt angezündet.

Aber es hat ja nicht lang gedauert. Ich bin zwar nach drei Wochen Krankenhaus wieder heimgekommen, aber das Motorradl, das war so hin, dass ich das Geld für eine Reparatur nie hergebracht hätte. Und die Mama, die hat natürlich wieder einmal recht gehabt. Zweimal am Tag hat sie mich besucht, also hat sie mir 42 Mal erklärt, warum sie recht gehabt hat und wie sie immer recht hat und dass ich halt das tun soll, was sie sagt, weil sie es gut meint und weil sie am besten weiß, was für mich gut ist. Das kannst du mir glauben, die Predigten von der Mama, da war der Unfall wirklich ein Dreck dagegen. Es kracht und splittert, und du wachst im Krankenhaus auf, das war's schon. Aber die Mama, das waren sicher dreißig Stunden wirkliche Qual und echtes Leiden. Na ja. Damit ist ja jetzt Schluss. Sie quält mich nicht mehr, und ich muss nicht mehr leiden.

Die Maria hat dann nicht mehr lockergelassen. Ich muss endlich einmal mit der Mutter reden. Und wann ich das denn tu. Und warum ich es so lange aufschiebe. Schließlich hat sie mich sogar einmal gefragt, ob ich meine Mama vielleicht mehr liebe wie sie. Ich hab halt immer nur genickt und „Ja, eh!" gesagt, viel mehr ist mir nicht eingefallen. Obwohl ich die Maria unbedingt bei mir haben wollte.

Und dann ist die Maria irgendwann nicht wieder gekommen. Ich geb dir noch drei Tage, hat sie gesagt. Dann rufst du mich an, wenn du mit ihr geredet hast. Sonst ist es aus. Weil einerseits mag sie mich, aber einen, der sich von seiner Mutter jede Einzelheit vorschreiben lässt und nicht selbstständig ist, den kann sie nicht brauchen. Ich hab dann nach drei Tagen nicht angerufen.

Die Maria, die war jetzt schon lang nicht mehr da. Aber jetzt, jetzt wär sie stolz auf mich. Vielleicht pfeif ich auf den Erwin und geh zu ihr hinunter, damit sie sieht, dass ich jetzt ein freier Mensch bin und genau das getan hab, was sie von mir wollen hat. Wenn ich ihr einen Beweis mitbring, dass ich das mit der Mama in ihrem Sinn erledigt hab, dann wird es vielleicht doch noch was mit uns.

Da in der Küche, das ist wirklich eine unglaubliche Sauerei. Am besten wär wirklich, ich vergess den Erwin und hau ab, ins Tal hinunter. Zur Maria. Der muss ich aber was mitbringen. Zum Beweis, dass ich jetzt frei bin. Irgendwas von der Mama bring ich ihr mit. Wenn nur nicht alles so voller Blut wär. Andererseits, dann weiß die Maria wenigstens genau, warum die Mama jetzt kein Problem mehr ist.

Irgendeinen interessanten Schmuck hat die Mama ja nicht, den ich der Maria mitbringen könnt. Höchstens den Ehering. Da müsst ich ihr aber den Finger auch noch abhacken. Ist eigentlich eh schon egal, bei der ganzen Sauerei. Warum hat sie mich auch ausgerechnet dann wieder so aufregen müssen, wie ich gerade das Hirschfleisch kleingeschnitten hab, fürs Hirschragout. Mit Dörrzwetschgen und Zwetschgenschnaps, das macht mir so schnell keiner nach. Da können sie sich eingraben lassen, die Damen und Herren Haubenköche unten im Tal, gegen mein Hirschragout.

„Warum kommt denn nur der Erwin? Warum kommen nicht die Mayrhofner auch? Da kämen doch viel mehr Leute!" Die Mama. Das kann schon sein, hab ich mir gedacht, dass da viel mehr Leute kämen, aber dafür haben wir einmal keinen Platz und zweitens kein Geld, für eine ganze Gruppe. War eh meine Idee – Kultur auf 2.400 Meter. Damit sich was tut und der Umsatz steigt. Meine Idee. Verstehst du, zuerst hat sie sich aufgeregt, dass ich Geld ausgeb für Kultur am Berg, und dann keppelt sie herum, dass ich nicht gleich die Wiener Philharmoniker auf die Hütte heraufhole.

Da hab ich mich dann nicht mehr halten können. Ich hab mich umgedreht, und weil ich ja das scharfe Messer fürs Hirschfleisch in der Hand gehabt habe, hat die Mama eigentlich keine Chance gehabt. Wenn ich nur den Kochlöffel oder den Schöpfer in der Hand gehabt hätte, da wär gar nichts passiert. Vielleicht hätt sie sogar den Fleischklopfer überlebt. Aber bei dem scharfen Messer, da war es dann ganz schnell vorbei mit dem Keppeln.

Das Hirschfleisch hab ich dann leider wegschmeißen müssen, wegen der Sauerei in der ganzen Küche. Mir tut es ja auch leid, irgendwie, aber wenn ich die Mama so da liegen sehe, so ganz ruhig, ganz still, und weiß, dass sie für immer ruhig bleiben wird, dann ist das schon ein gutes Gefühl. Was? Du meinst, sie wird mir im Traum erscheinen? Darüber hab ich noch nicht nachgedacht. Davor fürcht ich mich aber nicht.

Gut, dass ich mich jetzt endlich entschieden habe. Ich bin auf dem Weg hinunter. Die gewaltige Rauchwolke von dort, wo die Hütte gestanden ist, die werden sie natürlich sehen, unten. Ich bin ja nicht blöd, ich hab mir schon eine Geschichte zurechtgelegt. Wenn du jeden Tag mit dem Gasherd kochst, dann weißt du schon, welches Missgeschick dir passieren muss, dass die ganze Hütte abbrennt. Tut zwar höllisch weh, der verbrannte Arm, aber ein bisschen ein Opfer musst du schon bringen, für die Mama und die Maria.

Gleich unten, dort, wo der Weg in die Straße mündet, die vom Stausee herkommt, hat mich die Rettung abgeholt. Mein Handy, das ist ja oben verbrannt. Und der Erste, der mir begegnet ist, so ein langhaariger Junger, mit einem Mädchen dabei, die ganz verdattert dreingeschaut hat, dem hab ich meine Geschichte erzählt. „Um Gottes willen", hat er gerufen, „was ist denn bei dir oben passiert?" Und dann ist er noch ein Stück nach unten gerannt, wie von der Furie gehetzt, weil er keinen Empfang gehabt hat, und das Mädchen mit der ganz kurzen Hose und den schönen weißen Beinen, das hat er bei mir gelassen. Die hat große Augen gemacht, wegen meinem verbrannten Arm, und weil ich gestöhnt hab wie ein angeschossener Eber. Ihrem Freund hat sie Blicke nachgeworfen, ich hab gespürt, die fürchtet sich vor mir. Aber gleich nach fünf Minuten ist er wieder zurückgekommen, „die Rettung kommt gleich, dich holen!", und dann sind sie wieder mit mir hinuntergegangen. Er hat mir gut zugeredet, du schaffst das schon, und so. Und sie hat immer noch mit ängstlichen Augen auf meinen Arm geschaut, den ich vor Schmerz schon gar nicht mehr gespürt hab, so komisch das klingt. Manchmal ist mir vorgekommen, ich steh neben mir und schau einem zu, dem der Arm verbrannt ist, und manchmal hab ich mir gedacht, der Arm, der ist schon weg und gehört gar nicht mehr zu mir.

Den Rucksack haben sie mir abgenommen, damit ich mich im Rettungsauto hinlegen kann auf die Bahre. Hoffentlich macht ihn niemand auf. Sonst finden sie noch den Finger von der Mama, mit dem Ehering dran. Der ist nämlich für die Maria, als Beweis.

Rosen pflanzen

Dass jetzt mein Käseblättchen auch noch von mir verlangt, am Wochenende im Einsatz zu sein, das finde ich schon ein bisschen zu viel des Guten. Wenn ich daran denke, dass sie mich bloß nach Kollektivvertrag bezahlen. Und ein Extra für Samstagsrecherchen, das fällt meinem geizigen Chef nicht ein. „Seien Sie froh, dass Sie überhaupt einen Job haben! Wenn wir die Printausgabe einstellen, dann kann ich Ihnen gar nichts mehr bezahlen!" Wie satt ich diese Drohungen habe.

Aber was bleibt mir übrig? Einziger Lichtblick: Linda wird mitkommen. Seit wie vielen Jahren ist sie schon meine mehr oder weniger ständige Begleiterin? In den letzten Monaten sind ihre Anspielungen immer deutlicher geworden. Von wegen Familie, und eigenes Dach über dem Kopf. Wir wohnen ja nach wie vor getrennt. Ist mir einfach lieber so. Es reicht mir schon, wenn sie so argwöhnisch schaut, wenn ich mir am Samstagabend noch ein letztes Gläschen Whisky vor dem Schlafengehen genehmige.

Heute allerdings kann ich ihr sogar eine Freude machen, denn es geht zur Landesgartenschau. Mich interessieren ja die Pflanzen nicht so wahnsinnig. Eigentlich überhaupt nicht, genau genommen. Aber Linda ist ein Pflanzenfan. Übrigens auch ein Grund, warum ich keine große Lust aufs Zusammenziehen habe.

Der Chef hat gesagt, ich soll eine Reportage über die Vorbereitungen zu der Veranstaltung abliefern. Ich kann mir keinen langweiligeren Auftrag vorstellen. Vorbereitungen für eine Gartenschau! Da schläft einem doch jeder Leser schon nach der Schlagzeile ein! Tulpenzwiebeln, Rosenknospen und Gärtnerinnen in Jogginghosen mit Erdflecken auf den Knien! Nicht einmal meine Linda macht in ihrer Gartenkleidung eine besonders anziehende Figur. Da sind mir die High Heels schon lieber. Und vielleicht ein kurzes Röckchen. Da kriegen die Burschen Stielaugen, wenn sie beim Spazieren durch die Fußgängerzone an meinem Arm hängt!

Heute allerdings hat Linda Jeans angezogen. „Schließlich gehen wir nicht in die Disco!", hat sie gemeint. Und für eine Gartenschau, da sind Jeans gut genug. „Schatz, wird dürfen heute überall rein! Auch, wo die normalen Besucher nicht hinkommen!", versuche ich, sie ein bisschen in Stimmung zu bringen. „Ja, ja!", antwortet sie eher kühl. „Glaub ja nicht, dass ich nicht weiß, warum du mich mitnimmst: weil du von Pflanzen keine Ahnung hast!" „Geh bitte!", wehre ich entrüstet ab, lasse es aber nicht auf eine längere Auseinandersetzung ankommen.

Wir müssen zum neuen Sisi-Park hinaus, direkt an der Trabrennbahn. Sisi-Park! Ein bisschen übertreiben tun sie ja schon, unsere Ischler. Ich bin schon gespannt, wie die Speisekarte im Restaurant bei der Gartenschau ausschauen wird. Eine Sisi-Torte, die wird's auf jeden Fall geben, jede Wette. Und wahrscheinlich einen Schratt-Gugelhupf, und einen Kaiserschmarrn. Vielleicht sogar einen Habs-Burger! „Du, Schatz, ich hab eine Idee: Wir könnten für die Gartenschau einen Habs-Burger erfinden! Und du verkaufst ihn. Blau-gelb muss er sein. Also, vielleicht gelber Paprika und ... und ..." Mir fällt gerade kein blaues Lebensmittel ein. Linda kichert. „Es gibt blaue Erdäpfel!", lacht sie. „Super – gelbe Paprika, blaue Pommes, und ich servier dazu vielleicht ein Achterl ‚Kapuzinergruft'!" Linda lacht. Wohlklingend, muss man anmerken. Und so heftig, dass sie sich den Bauch halten muss.

Gleich kommen wir beim Zauner vorbei. Die Sonne ist gerade herausgekommen. Am Traunufer stehen schon die Tische im Freien. „Wir sollten uns vielleicht vorher stärken, bevor wir ..." „Ja, ja!", nickt Linda. „Und da brauchst du natürlich ein Bier. Obwohl der Zauner ja nicht fürs Bier, sondern für die Torten berühmt ist!" Linda droht mir mit dem Finger. Ich packe ihre Hand und sauge an dem ausgesprochen hübschen, rosa lackierten Zeigefingernagel. „Nicht!", kreischt sie. „Die Leute!" Linda ist Lehrerin am Gymnasium. Dauernd hat sie Angst, dass Schüler oder Eltern sie beobachten könnten und dann hinter ihrem Rücken herumreden. Leider erstreckt sich diese Angst auch auf die gesamte Seenlandschaft im Umkreis. Sogar ein bisschen Herumknutschen im Segelboot ist also tabu. Leider.

„Eine Kaisertorte, bitte!" Ich beginne wieder zu lachen. „Sag mir nichts gegen die Kaisertorte!", schimpft Linda. Aber sie hat ja Recht. Gegen die Kaisertorte beim Zauner ist wirklich nichts zu sagen. Gegen die Haustorte übrigens auch nicht, und gegen die Kastanientorte schon gar nicht. Und gegen die Canapés erst recht nicht, ich bleib nämlich meistens bei etwas Pikantem und einem Bier. Das Lachsrollenbrötchen ist mein absoluter Favorit. Da kannst du mir jede Torte hinstellen, die ist nichts dagegen.

Schließlich und endlich bleibt uns aber doch nichts anderes übrig, als endlich zum geplanten Sisi-Garten hinauszuwandern. Viel gibt es nicht zu sehen, finde ich. Lastwagen von Gärtnereien. Erdhaufen. Da werden sie sich aber beeilen müssen, wenn sie bis zum Eröffnungstermin fertig werden wollen. Tiefe Reifenspuren im Rasen. Das muss wohl auch noch gerichtet werden. Ich zücke meine Kamera. Einen eigenen Fotografen kann sich unser Käseblatt natürlich nicht leisten.

Da vorne, da pflanzt eine. Wahnsinn, der Hintern! Natürlich in einer Jogginghose. Aber bei irgendwem muss ich ja anfangen. „Was pflanzen Sie denn da?" Sie schreckt auf. Ach Gott, das ist ja ein Mann! Sogar mit Vollbart! Und völlig verschwitzt! Na ja, irgendwie urig schaut er schon aus. Und, natürlich, Erdflecken auf den Knien. „Stauden-band!", ächzt er. „Bin ich Experte!" Er strahlt mich an. „Und was für Büsche haben Sie da?" Er hebt mahnend einen Zeigefinger. „Stauden, mein Herr! Keine Büsche! Was wollen S' denn eigentlich da?"

Linda kommt mir zuvor. „Ein Reporter ist er. Und keine Ahnung von Pflanzen hat er. Ihm müssen S' alles dreimal erklären, damit er's versteht." Ich nicke ergeben. Man muss schließlich Humor zeigen. Der Mann richtet sich auf. Er hat nicht nur einen gigantischen Hintern, sondern auch eine enorme Wampe. Nur so kann er sich wahrscheinlich im Gleichgewicht halten. „Da müssen Sie natürlich darauf achten, dass Sie Frühjahrsblüher, Sommerblüher und Herbstblüher hineinbringen!" Mit großer Geste weist er über sein Beet hinweg in die Ferne. „Und hinten kommen hoch wachsende Pflanzen hin, vorne die ganz niedrigen. Damit das auch was gleichschaut!" Stolz grinst er mich an und stützt sich auf seinen Spaten. „Darf ich ein Foto von Ihnen machen?" Ich hoffe natürlich, ich finde noch jemand Ansehnlicheren. Aber was man hat, das hat man. Er grinst breit in die Sonne. Eine knollige Schnapsnase hat er auch. Aber das Grinsen kommt gut rüber. So à la Gartenzwerg. „Danke!"

Linda hat inzwischen interessiert die herumstehenden Pflanzballen begutachtet. „So ein Beet möchte ich auch einmal, hörst du!" Sie stößt mich in die Rippen. „Wenn wir einen eigenen Garten ..." „Ja, ja! Kommt Zeit, kommt Rat!" Ich habe die Erfahrung gemacht, dass hinhaltende Phrasen besser sind als Widerspruch. Nur ja kein unnötiger Zwist, sonst gibt's dann nachts im Bett Kopfweh. Das will ich heute nicht riskieren.

Ein Stück weiter vorne, nahe dem Traunufer, rumpelt es. „Verdammte Scheiße!", höre ich eine Frauenstimme rufen. „Schauen wir mal, was da los ist!" Ich muss da hin. Vielleicht ist was passiert.

Von Weitem sehe ich eine wallende rote Mähne. Als ich näher komme, stelle ich fest, dass die Gärtnerin mit dem Stapler offenbar Holzpflöcke vom Laster abgeladen hat, die Ladung ist aus dem Gleichgewicht geraten und auf den Boden geplumpst. „Kann ich helfen?" Sie dreht sich um und mustert mich. „Wüsste nicht, wie!" Sie lacht. Wow! Da blitzen strahlend weiße Zähne. Kariertes Hemd, enge Jeans, Boots. Sie stützt die Arme in die Hüften und sieht mich herausfordernd an.

„Sagen Sie, dürfte ich Sie einmal für ein Foto ...?" Linda packt mich am Arm und zieht mich weg. „Sag einmal, musst du wirklich jede anbraten? Noch dazu, wenn ich dabei bin?" Ich verteidige mich. „Rein professionelles Interesse. Weißt du, wenn man ihr ein bisschen Dreck auf die Knie schmiert und den obersten Knopf aufmacht, vielleicht wäre das sogar etwas für die nationale Presse ..." „Untersteh dich!", faucht Linda.

Plötzlich stehen wir vor einem riesigen Rosenbeet. Ein Mann kniet und pflanzt. Neben ihm ein Schubkarren mit Rosenbüschen in Plastiktöpfen. „Den kannst du fotografieren!", zischt Linda. „Von mir aus auch ohne Hemd!" Das werde ich mir verkneifen, denke ich. Der Typ sieht mir gar nicht so nach Naturbursch aus, er ist eher schmächtig. Er blickt auf, ich grüße. „Was machen Sie denn da?", frage ich. Dämlicher geht's wohl nicht mehr. Dennoch antwortet er mir. „Rosen pflanzen. Nicht die ideale Zeit. Ich hätt's lieber schon im Herbst gemacht. Aber für so eine Ausstellung ..." Es klingt, als wollte er damit sagen, dass für diesen Anlass ohnehin alles egal sei. „Was werden denn das für Farben? Das sieht sicher wunderschön aus, wenn die einmal alle blühen!" Ich hätte Linda doch zu Hause lassen sollen. Dann würde ich jetzt ein Fotoshooting mit der Rothaarigen ... Vielleicht wäre sie sogar auf einen Kaffee mit mir gegangen. Oder auf ein Bier. So eine Frau, die Stapler fährt ...

„Wie heißen denn die?", fragt Linda. Der Mann richtet sich auf. Er ist wirklich sehr schmächtig. Gerade einmal so groß wie Linda. Er scheint sich zu freuen, dass ihn jemand angesprochen hat. „Die erste ist eine ‚Abraham Darby'. Innen eine Insel, da kommt eine ‚Lady Sophia' hinein." Er räuspert sich. „Dann die ‚Lady Gardener', da außen." Er deutet über seine Beete hinweg. Hoffentlich merkt sich Linda das alles. Ich schieße ein paar Fotos. „Innen die ‚Contessa Chiara'." Linda nickt und hört aufmerksam zu. Der Mann mustert sie. Von oben bis unten. Mit ernstem Gesicht. Ich schieße ein paar Fotos von den beiden. Der Gärtner hat jede Menge Erde an den Knien und an den Stiefeln. Die Bilder sehen gut aus. Trotzdem, vielleicht kann ich später noch ein paar Bilder mit der Rothaarigen ...

„Und da jetzt, außen die ‚Summer Song' und innen die ‚Linda' ..." Linda kreischt vor Vergnügen. „Hast du das gehört, Schatz? Linda! Er pflanzt meine Rose! Ich könnte ihn küssen!" Sie hüpft ein wenig auf der Stelle. Gefällt mir, denn einiges an ihr hüpft recht hübsch mit. Aber nicht nur mir. Auch der Gärtner starrt sie an. Natürlich macht Linda keine Anstalten, ihn wirklich zu küssen, und ich ziehe sie weiter. „Was ist denn? So lass mich doch ..." „Führ dich nicht so kindisch auf! Wegen einer Rose!" „Aber hast du denn nicht gehört, sie heißt Linda! Ich werde da auf der Gartenschau stehen! Du musst mir eine Saisonkarte kaufen, ich will das sehen, wenn meine Rose blüht! Ich komm sie dann immer besuchen!"

Wie kann man nur so dämlich sein? Wahrscheinlich hat der Gärtner gehört, wie wir miteinander gesprochen haben, und dabei ihren Namen aufgeschnappt. Und außerdem gefällt mir nicht, wie er Linda angesehen hat. Mit diesem rattenhaft verschlagenen Blick. Den bring ich nicht ins Blatt. Nicht einmal auf die Webseite. „Ich brauch noch jemand anderen", sage ich. „Der Fette von vorhin, der ist mir nicht genug, und die Rothaarige hast du mir ja vermasselt." „Und der Rosengärtner? Wo der doch ganz süß war!" Süß? Dieser verschlagene Gnom? Was hat die Frau plötzlich? Geschmacksverirrung? Langsam werde ich wütend – aber Achtung, warne ich mich gleich selbst! Samstagnacht ist in Gefahr. Ich muss mich abregen. Ein Bier wär dafür recht. Ob die Gastronomie schon geöffnet hat?

Es beginnt zu regnen. Auch das noch. „Schatz, ich will jetzt gehen. Hier ist eh *überhaupt* nichts los!", mault Linda. „Ich muss aber noch ein paar Leute interviewen, wegen der Reportage ..." „Mach du nur. Ich geh jetzt. Und wegen heute Abend ..." Ich werde hellhörig. „Ich mach uns was Gutes zu essen. Bei dir. Einen schönen Lachs vielleicht. Und wenn du brav bist, können wir dazu ja einen Prosecco trinken." Sie zwinkert mir zu. Ein ordentliches Stück Fleisch wäre mir zwar lieber. Und statt dem Prosecco ... Linda entfernt sich und wirft mir noch einmal eine Kusshand zu. Vielleicht finde ich die Rothaarige noch irgendwo. Ich könnte ihr helfen, die Pflöcke wieder aufzuladen.

Aber nirgends ist etwas von ihr zu sehen. Ihr Lastwagen ist auch weg. Der Regen wird immer heftiger. Mist. Nur der Rosenpflanzer kniet noch einsam in der Gegend herum. Plötzlich fallen mir die Namen der Rosen wieder ein, obwohl ich nur mit halbem Ohr hingehört habe. Sophia hat eine geheißen. Und Lady Chiara, oder so, die andere. Sophia und Chiara. Sophia und Chiara. Hab ich die Namen nicht schon einmal gehört? Wann und wo? Sophia, Chiara und Linda. Linda.

Als ich dann später endlich nach Hause komme, setze ich mich vor den Computer, anstatt mich vor den Fernseher zu legen und Sportübertragungen anzusehen. Sophia und Chiara. In irgendeinem Zusammenhang habe ich diese beiden Namen schon einmal gehört. Es hat mit einer Recherche zu tun, da bin ich mir sicher. Irgendwas ist darüber in den Zeitungen gestanden.

Eine halbe Stunde später habe ich es. Es liegt lange zurück, 1999. Sophia Stockinger. Verschwunden. Sie war in der Maturaklasse gewesen. Ich finde einen Bericht. Verzweifelte Eltern. Herzzerreißende Aufrufe. „Komm zurück!" Man hatte wohl vermutet, dass sie ausgebüxt war. Aber seit 16 Jahren kein Lebenszeichen. 34 müsste sie jetzt sein. Und Chiara Brunnthaler. Verschwunden. Wohnhaft in Attnang-Puchheim, seit 2007 nicht mehr gesehen. Attnang-Puchheim, wie kann man nur! Studentin, 21 Jahre alt. Ich kopiere mir die Fotos der beiden, und mir läuft es kalt über den Rücken. Beide blond, beide lange, glatte Haare. Beide haben eine gewisse Ähnlichkeit mit Linda. Gut, die Brunnthaler hatte eine etwas größere Nase. Aber apart. Verdammt, Linda! Ich muss sie anrufen!

Das Handy ist ausgeschaltet. Festnetz hat sie nicht mehr. Mutter anrufen. Die hat von Linda seit gestern nichts mehr gehört, da haben sie telefoniert. Ich springe ins Auto und klappere alle Lokale ab, in denen sie sich am Samstagnachmittag mit einer Freundin treffen könnte. Probiere es nochmals am Handy. Keine Linda.

„Hast du Linda gesehen?" Der Kellner grinst. „Ist sie abgehauen? Hast du sie beleidigt?" Ich schenke ihm nur eine abfällige Handbewegung und bin schon wieder zur Tür draußen. Es regnet immer noch. Die Gartenschau! Ich fahre hin, parke das Auto auf der nassen Wiese. Die Rosen. Keine Linda. Ich trample durch die frisch angelegten Rosenbeete und zerkratze mir die Hose, die Hände sowieso. Wasser tropft mir ins Gesicht. Das Handy. Keine Linda. Sophia, Chiara und Linda. Der Gärtner! Wo ist er?

Ich bin am Ende, total durch den Wind. Erst Sophia, dann Chiara und jetzt Linda. Eisl! Der Eisl ist der einzige Kriminalbeamte, den ich kenne. Der muss mir helfen. „Eisl? Ja, meine Freundin ist weg!" „Seit wann ist denn dafür die Kriminalpolizei zuständig? „Lass mich doch erklären, die Namen! Sophia, Chiara und Linda!" Ich erkläre, hastig und unzusammenhängend. „Wilde Geschichte!", lacht Eisl. „Schlaf deinen Rausch aus! Morgen siehst du klarer." Bin ich vielleicht wirklich durchgedreht?

Ich fahre nach Hause. Alle fünf Minuten probiere ich es bei Linda. Immer die gleiche Stimme. „Der Teilnehmer ..." Danach lege ich auf. Ich versuche es mit deutscher Bundesliga. Nicht einmal Bayern München schafft es, mich abzulenken. Nach zehn Minuten bin ich wieder im Auto, noch einmal die Lokalrunde. Es sind schon viel mehr Leute unterwegs, langsam wird es dunkel.

Warum habe ich Idiot es nicht bei ihr zu Hause probiert? Sie wollte doch einen Lachs für uns kochen! Ich bleibe mit quietschenden Reifen auf dem Parkplatz stehen, der eigentlich für den Internisten reserviert ist, der die Praxis über Lindas Wohnung hat. Egal. Die Stiegen hoch, Klingel, Klopfen. Keine Antwort. Es riecht auch nicht nach Lachs. „Linda! Mach auf!" Ich schlage gegen die Tür. Die Nachbarin lugt aus ihrer Wohnung. „Was ist denn los, Herr ... Herr ...?" Sie vergisst immer meinen Namen. „Nichts!" Ich rase die Treppe hinunter.

Noch einmal zur Gartenschau. Stirnlampe, ich muss doch eine im Handschuhfach ... Da! Noch einmal zum Rosenbeet. Es regnet in Strömen. Was ist das? Da waren doch vorher noch ... Um Gottes willen! Ich kämpfe mich nochmals durch die „Summer Song". Von den „Lindas" sind nicht mehr viele da. Ganz in der Mitte ist ein Loch. Zwei Meter mal achtzig Zentimeter. Ein Grab. Er hat ein Grab geschaufelt. Für Linda.

Diesmal nimmt Eisl meine Bedenken ernst. Wir stehen vor dem Grab. Er mit Mantel unter einem schwarzen Regenschirm. Ich zittere in meiner Regenjacke. Ich habe ihm erzählt, was ich recherchiert habe. Von Sophia und Chiara. Er tippt auf seinem Handy herum. Es dauert lange, denn mit einer Hand muss er den Schirm festhalten. „Scheiße", murmelt er. „Was?" rufe ich hysterisch. „Als die Sophia Stockinger verschwunden ist, da war die Landesgartenschau in Gmunden, 1999. Und 2007, als die Chiara Brunnthaler in Attnang-Puchheim verschwunden ist, wo, glaubst du, war da die Landesgartenschau?" „In Attnang-Puchheim?", flüstere ich. „Trottel! In Vöcklabruck! Aber das ist nur fünf Kilometer entfernt!"

„Sucht ihr wenigstens auch die Linda?" Eisl nickt. Inzwischen ist ein Bagger angekommen, mehrere starke Scheinwerfer beleuchten die Szenerie. Außer Schlamm ist nicht mehr viel zu sehen, die Rosenbüsche sind vom Bagger platt gewalzt worden. Ich probiere zum hundertsten Mal Lindas Nummer. „Und der Gärtner?", frage ich zum wiederholten Mal. „Schon eine Spur?" Eisl schüttelt den Kopf. Genauso wie der Baggerfahrer. Er steigt von seinem Gerät und kommt auf uns zu. „Da drinnen ist sicher niemand vergraben!" Er zieht sich die Handschuhe aus und fingert in seiner Brusttasche nach einer Zigarettenpackung.

Eisl mustert mich. „Ich sag dir, wenn das ein falscher Alarm war, und deine Linda sitzt irgendwo gemütlich bei einem Aperol Spritz ..." „Die Linda mag gar keinen Aperol!", verteidige ich mich, vielleicht ein wenig zu aggressiv. Wo kann Linda nur sein? Ich bin mir nach wie vor sicher, dass sie in den Händen des Gärtners ist. Das kann doch kein Zufall sein! Dreimal Landesgartenschau! Womöglich ist sie schon tot! Ich mag mir gar nicht ausmalen, was er mit ihr gemacht haben könnte. Wenn ich sie nur wieder hätte! Ich würde sie sofort heiraten! Auf der Stelle!

Ich renne los, ich kann hier nicht bleiben, was soll ich bei dem Grab, das der Mörder für sie ausgehoben hat? Vielleicht suchen alle in der falschen Richtung? Ich renne ins Dunkel, weg vom Ort, der Traun entlang. Nur im Schein meiner Stirnlampe. Wie will ich sie hier finden?

Was, ein Baucontainer? Was macht ein Baucontainer hier? Innen brennt sogar Licht. Bevor ich noch überlegen kann, was ich tun soll, donnert von hinten ein Motorrad heran, zwei Polizisten darauf. Sie überholen mich, noch ein Motorrad, zwei weitere. Sie tragen Einsatzkleidung, richtig schwere, mit Helmen, sehen aus wie Jedi-Ritter. „Gehen Sie weg!", schreit der eine. „Weg!" Der erste Motorradfahrer steigt ab, schlägt mit seinem Schild ein Fenster des Containers ein, wirft etwas in den Raum. Drinnen leuchtet es hell auf. Gleichzeitig schlagen zwei weitere die Tür ein. Licht, Rauch, Schreien. Ich bekomme gar nichts mehr mit. Einer kommt zurück, mit einem Menschen auf dem Arm. Blonde Haare. Weiße Jacke. Es ist Linda! Er setzt sie im Scheinwerferlicht seines Motorrads ab, nimm ihr den Knebel aus dem Mund. Ich bin bei ihr. „Linda!" „Fritzerl!" Ich hasse es, wenn sie mich so nennt. Schon der Friedrich ist mir zum Kotzen. In diesem Moment aber bin ich nur glücklich. Ich zittere. Linda zittert. Ein Rettungswagen kommt mit Folgetonhorn den schmalen Weg heruntergerast. Direkt dahinter der Notarzt. „Die Bude ist sauber!", ruft einer der Polizisten. Der Gärtner ist also weg. „Hat er dir was getan?", flüstere ich. Linda schüttelt den Kopf, bevor sie mir von den Sanitätern aus den Armen gerissen wird.

Später ging ich mit Eisl noch auf ein Bier. Linda hatten sie ins Krankenhaus geschafft. „Nur ein Schock!", hatte der Notarzt gemeint.

„Wir waren ja blöd", sagte Eisl, nachdem er seinen Schnaps geleert hatte. „Ist ja klar, dass wir die Sophia und die Chiara nicht hier finden konnten – die muss er anlässlich der beiden früheren Gartenschauen irgendwo verscharrt haben. Wenn er es denn war." „So viele Zufälle gibt's ja gar nicht!", entgegnete ich. Mir war wohlig warm. Meine Aussprache war bereits ein wenig unsicher. Ich musste bald wieder ins Krankenhaus zurück, zu Linda.

„Wir fangen morgen Früh zu suchen an", sagte Eisl. „Da werden sie eine Freud haben, in Gmunden, wenn ihr ihnen den Toscanapark umackert", meinte ich. „Und erst die ehrwürdigen Schwestern in Vöcklabruck!" Die Gartenschau dort hatte nämlich mitten im Klostergarten der Franziskanerinnen stattgefunden. „Wir haben die Pläne", ächzte Eisl. „Wir suchen nur bei den Rosenbeeten."

Im Krankenhaus schlich ich durch den Gang am erleuchteten Schwesternzimmer vorbei. Im Krankenzimmer brannte ein Notlicht, schemenhaft konnte ich Lindas Gestalt im Bett wahrnehmen. Ich strich ihr über die Stirn. Draußen zeigte sich die Morgendämmerung. Linda öffnete die Augen und lächelte. „Fritzerl!" „Willst du mich heiraten, Linda?" Ich wusste selber nicht, wie mir der Satz so schnell herausgerutscht war. Jetzt war er aber nun einmal draußen und konnte nicht mehr zurück hinein. Linda lächelte. Und nickte.

„Und?", fragte ich später, während ich mein zweites weiches Ei aufschlug. Ich hatte einen Bärenhunger. „Mhm", brummte Eisl durchs Telefon. „Volltreffer. Wir haben sie zwar noch nicht identifiziert, aber ..." Er ließ den Satz unvollendet. „Was mir allerdings noch Kopfzerbrechen macht, ist, dass er auch in Vöcklabruck und Vöcklabruck drei Beete angelegt hat. In Gmunden waren es Margaret, Marlene und Sophia. Und in Vöcklabruck Marlene, Sophia und Chiara." Ich legte auf. Plötzlich hatte ich keinen Gusto mehr auf weiches Ei.

Blau blüht nicht nur der Enzian

1

Ich bin ja an und für sich nicht so der Wander-Typ. Allein schon wegen meiner Statur. Als Frau sagt man das nicht gern von sich selber, aber ich bin eher, wie man gerne sagt, üppig. Unfreundliche würden behaupten, dick. Aber als Köchin ist man ja ständig den verführerischsten Leckerbissen ausgesetzt. Und ich kann da halt nicht immer widerstehen. Eigentlich nie, wenn wir uns ganz ehrlich sind.

Aber der Joe hat ja Recht. Es tut mir gut, aus dem Restaurant herauszukommen. Wenigstens am Ruhetag. Stress abbauen. Die Küche ist ja wirklich kein sehr gesunder Arbeitsplatz, auch abgesehen von den Köstlichkeiten, die immer in Griffweite sind. Heiß ist es, laut ist es, man muss die ganze Zeit stehen, und schnell gehen soll alles. Eigentlich ein Wunder, dass ich sie trotzdem so liebe, meine Küche.

Und außerdem muss ich sowieso dringend was für meine Fitness tun. Da ist Wandern, das muss ich zugeben, wahrscheinlich sogar das Gescheiteste. Vor allem hier auf der Tauplitz. Wunderschöne Almlandschaften, Seen und Berge. Vor allem für mich ist es ganz praktisch, dass es nicht so wahnsinnig viel bergauf geht, wenn man vom Parkplatz hierher zur Leistalm wandert. Das kommt mir sehr entgegen. An wie vielen Seen sind wir vorbeigekommen? Ich glaube, an drei. Mindestens.

Eigentlich ist es eine Schande, dass ich als Einheimische noch nie hier hinten war. Was da alles blüht! Vor allem jetzt, im Juni. Der Almrausch! Ein Wahnsinn! Ich interessiere mich ja eigentlich, was die Natur angeht, hauptsächlich für das, was man essen kann. Pilze zum Beispiel. Und Kräuter. Für die brauch ich Gott sei Dank nicht drei Stunden durch die Gegend latschen. Drei Stunden! Und den ganzen Weg müssen wir auch wieder zurückgehen!

Und noch dazu gibt es hier auf der Leistalm nicht einmal was zu essen. Und nach drei Stunden Wandern, das muss ich ehrlich sagen, da bin ich mit einem zerquetschten Extrawurstsemmerl aus dem Rucksack nicht wirklich zu befriedigen. Was man hier anfangen könnte, in dieser begnadeten Gegend! Die satten Almwiesen! Jeder Baum praktisch ein Gesamtkunstwerk für sich, wie sie knorrig und verkrüppelt dastehen. Dazwischen das dunkelblaue Leuchten der Wasserflächen. Was man den Feinschmeckern da bieten könnte!

Das Problem ist halt die Zufahrt – hier gibt's nämlich keine. Die Wirtin hat erzählt, dass alles mit dem Pistenfahrzeug hierher transportiert wird. Also, bevor die Skisaison zu Ende ist. Die ganzen Getränke für die gesamte Saison. Und wenn man dann im Sommer einmal was extra braucht, geht das nur im Rucksack oder mit dem Muli. Na ja, da ist mir mein Restaurant schon lieber. Da kommt der Gemüsegroßhändler direkt vor den Lieferanteneingang gefahren. Aber den brauch ich jetzt eh nicht mehr lang. Ich hab mir nämlich vorgenommen, nur mehr bei den Biobauern in der Umgebung einzukaufen. Und halt nur das, was gerade Saison hat. Bin schon gespannt, wie ich da durch den Winter komme. Aufregend wird's auf jeden Fall.

Den Joe, den stört das anscheinend nicht, dass es hier nichts zu essen gibt. Er ist schon beim dritten Bier. Manchmal hab ich den Verdacht, dass das Wandern bei ihm nur eine Ausrede fürs Saufen ist. Bei jeder Hütte müssen wir einkehren. Und immer wieder heißt es: „Jetzt haben wir uns aber ein Bier verdient!" Ja, eines! Aber bei dem bleibt es nicht. Und jedes Bier muss natürlich auch von einem Schnaps die Gurgel hinunter begleitet werden. Wo es doch auf dieser Hütte so einen fantastischen Zirbenschnaps gibt! Und auf der nächsten einen unschlagbaren Vogelbeer! Und die anderen, die halten kräftig mit. Die Männer, natürlich, vor allem. Ich trink am liebsten selbst gemachten Saft. Hollersaft zum Beispiel. Wenn man da ein wenig Minze, vielleicht auch ein bisschen Zitronenmelisse hineingibt, ist das ein fantastisches Getränk. Eiskalt, natürlich. Da brauch ich gar keinen Prosecco oder so Zeug.

Manchmal frag ich mich schon, ob das eine gute Idee war, dass der Joe und ich heiraten. Je näher der Termin kommt, desto mehr Zweifel habe ich. Ich hab mir das immer so schön vorgestellt: Heiraten am Ödensee. Einer der schönsten Plätze auf der Erde – das tiefblaue, fast schwarze Wasser, der stille, wirklich stille Wald drum herum, ich hab als Kind schon fast die ganzen Ferien am Ödensee verbracht. Sobald ich den Radlführerschein gehabt hab, mit elf, bin ich praktisch jeden Tag hingefahren, oft mit der Oma. Und mir war es fast nie zu kalt zum Schwimmen, nicht einmal im Juni oder in verregneten Sommern, wenn der See vielleicht 17, 18 Grad gehabt hat.

Und da wollte ich halt unbedingt dort heiraten, im Freien, vielleicht sogar auf dem Steg, wenn das Wetter schön ist. Und danach in der Kohlröserlhütte feiern. Das wäre ja überhaupt mein größtes Ziel, dass ich einmal die Kohlröserlhütte pachten kann. Und dann ein erstklassiges Wirtshaus daraus machen. Aber ob daraus was wird, das steht noch in den Sternen.

Nicht in den Sternen steht die Hochzeit. „Was immer du willst, Schatzerl", hat der Joe gesagt, wie ich ihm meine Pläne erklärt hab. Aber ich glaub, er hat gar nicht richtig zugehört. „Was immer du willst." Na ja, das spielt's leider nicht immer. Wenn ich ihm sag, dass ihm zum Oberkellner doch noch einiges fehlt an Schliff, und an

Fähigkeiten sowieso, dann ist Schluss mit „Was immer du willst". Er müsste halt dringend ein Praktikum in einem wirklich guten Betrieb machen, besser noch eine ganze Saison. Und ein bisschen Fremdsprachen, und gutes Benehmen, das würde ihm auch nicht schaden.

Manchmal bin ich mir nicht sicher, ob es ihm wirklich um mich geht oder nur ums Restaurant, in dem er den Chef spielen will. Dabei kann er auch richtig liebevoll sein, charmant, daran liegt es nicht. Und auch im Bett, da fühl ich mich so richtig begehrt von ihm. Aber sonst?

Wo ist er denn eigentlich? „Sagt's, wisst ihr, wo der Joe ist?" Sie haben schon wieder eine Runde bestellt. „Der ist hinter die Hütten, weil was oben hineinrinnt, muss unten auch wieder heraus!", lacht der Toni und schlägt sich auf das Hirschleder auf seinen Oberschenkeln. Ich trink jetzt meinen Saft aus, und dann geh ich einmal eine Runde, wenn hier noch weiter getrunken wird. Vielleicht gibt es ein paar interessante Wiesenkräuter.

Die Anna, fällt mir auf, die ist auch schon längere Zeit verschwunden. Besser, ich mach mich gleich auf den Weg.

Zu einer Runde auf der Alm kommt es aber gar nicht mehr. Als ich um die Ecke der Hütte biege, sehe ich die Anna und den Joe und zucke zurück. Sie haben mich nicht gesehen, denn sie sind sehr beschäftigt. Miteinander. Ich trete einen Schritt zurück und luge ums Eck. Der Joe hat die Nase im Ausschnitt von der Anna, und seine Pfoten haben ihren Dirndlrock hochgerafft und sich auf ihren Pobacken verankert. Mehr muss ich nicht sehen.

Ich rede nicht sehr viel auf dem Rückweg. Braucht ja niemanden wundern. Der Joe vermeidet es, in der Nähe der Anna zu gehen, nur ihre Blicke treffen sich manchmal. Da braucht mir niemand was erklären, niemand. Und was die Hochzeit betrifft, da wird auch noch einiges zu überlegen sein. Ungeschoren wird er mir jedenfalls nicht davonkommen. Wer über die Pflanzen Bescheid weiß, die man essen kann, der weiß auch was über die, die einem gar nicht gut bekommen.

2

Heute Abend werde ich Witwe sein. Eigentlich hätte ich nach diesem fatalen Ausflug auf die Tauplitzalm sofort zuschlagen wollen, so wütend war ich. Aber meine Wut ist verraucht, ich weiß nicht, warum, und so habe ich abgewartet. Bis ich den endgültigen Beweis in Händen hatte, dass er mich betrügt. Ich erspare mir jetzt Details, aber ich habe gesehen, wie er es mit der Anna in seinem Auto getrieben hat. Anscheinend ist ihm knochig und mager doch lieber als üppig. Und dafür wird er jetzt büßen müssen.

Ich habe mich in allen Einzelheiten informiert. Er wird bis zum Schluss heftige Schmerzen haben, das ist mir das Wichtigste. Bis zu seinem Tod wird er bei vollem Bewusstsein bleiben, er wird sich fühlen, als hätte er Eiswasser statt Blut in den Adern, und er wird sich anscheißen und vollkotzen. Vor allem das Letztere ist ein wesentlicher Bestandteil meines Plans.

Ich habe Wurzeln des Blauen Eisenhuts gesammelt. Die giftigste Pflanze Europas, sagt man. Und, ein großer Vorteil, das Gift wird auch durch die Haut aufgenommen. Und genau das wird stattfinden. Hoffentlich geht es nicht zu schnell, denn es soll vor den Augen aller passieren. Unmittelbar nachdem er „ja" gesagt hat.

Wir heiraten in der Tracht. Deshalb habe ich ein blaukariertes Hemd in einem Wurzelsud aus Eisenhut gekocht. Genau so eines, wie er es zur Lederhose tragen wird. Getrocknet, gebügelt und schön zusammengefaltet. Natürlich alles mit Gummihandschuhen. Das einzige

Problem wird sein, dass ich es, wenn auch nur für kurze Zeit, bei der Hochzeit werde anfassen müssen.

Außerdem habe ich Rotwein aus seinem Geburtsjahrgang besorgt. Als ganz besondere Überraschung.

Das Wetter ist wunderbar. Strahlend blauer Himmel, das Gewitter von gestern Abend hat die Schwüle weggeblasen, es ist warm, aber nicht heiß, ein leichter Wind kräuselt den See, und die Sonnenschirme flattern ein klein wenig, so wie mein Dirndl. Joe hat beim Sektfrühstück schon ordentlich zugelangt und ist unaufmerksam. Außerdem wirft er der Anna Blicke zu. Auffällige. Ich werde leichtes Spiel haben. Er hätte lieber nüchtern bleiben sollen.

Ich lächle ihn an. Dann klopfe ich mit einem Messerrücken gegen das Sektglas, das ich in der Hand halte. „Lieber Joe", sage ich, während die Kellnerin schon mit den Rotweingläsern auf die Terrasse tritt. „Ich habe heute, anlässlich unserer Hochzeit, noch eine besondere Überraschung für dich vorbereitet." Joe grinst, hebt sein Glas und starrt mir in den Ausschnitt. Ich habe mir ein besonders tief ausgeschnittenes Hochzeitsdirndl machen lassen, erstens, weil mein Busen wahrscheinlich das Sehenswerteste an mir ist, und zweitens, weil ich den Joe damit von allem anderen ablenken kann.

„Ich habe für meinen Joe", sage ich, ziehe ihn zu mir heran und küsse ihn demonstrativ auf den schon ziemlich hohen Haaransatz, „einen Rotwein aus seinem Geburtsjahrgang erstanden, und mit dem wollen wir jetzt anstoßen, bevor es ernst wird!" Zugegeben, es ist etwas ungewöhnlich, so etwas vor der eigentlichen Zeremonie zu inszenieren, aber die einen sind schon so angeheitert, dass ihnen nichts auffällt, und die anderen sind begierig darauf, endlich einmal einen wirklich teuren Wein kosten zu können. Oder beides.

Ich habe einen Tignanello Magnum besorgt, ein dunkler Rotwein, genau das Richtige für meinen Plan. Mehr als 300 Euro hat die Flasche gekostet. Man will sich ja schließlich nicht nachsagen lassen, dass man knauserig ist.

Ich habe nicht davor zurückgeschreckt, ausgerechnet die Anna zu bitten, die Flasche zu halten. Ich nehme ihr die Magnum nun ab, lächle ihr zu und zeige die Flasche allen Umstehenden. Es gibt Applaus. Ich schenke ein. Noch ist keine Eile geboten, ich muss mich nur darauf konzentrieren, was jetzt zu tun ist.

Zuerst einmal gar nichts. Ich koste den Wein. Er schmeckt fantastisch. Ich bin nicht besonders gut darin, den Geschmack von Wein in Worte zu fassen, ich weiß nur, dass der Geschmack einer ist, den ich noch morgen auf der Zunge haben werde. Wenn ich Witwe bin. Ein Geschmack, den ich mir immer wieder ins Gedächtnis zurückrufen kann, wie andere vielleicht ein Bild oder einen Schmerz.

Joe stürzt den Wein hinunter. „Danke, mein Schatz! Vielen Dank!" Er schwankt ein wenig, als er mich auf die Wange küsst. Ich lasse mir Zeit und trinke den Wein aus. Fast. Ich trete zu Joe. „Küss mich noch einmal!", sage ich, und als er sich meinem Mund nähert, kippe ich mein Glas um. „Bist du deppert?", schreit Joe angesichts der Bescherung. „Mein Hemd!" Wenn er mit unerwarteten Problemen konfrontiert wird, ist es schnell vorbei mit seinem Charme. Mit gutem Benehmen sowieso. Eine granatrote Spur zieht sich von der Brust bis in die Bauchgegend. Gut getroffen.

Immer noch muss ich mich nicht beeilen. „Ich weiß doch, was mein Joe für ein Patzer ist! Ich habe ein Reservehemd für ihn im Auto!" Das Gelächter der Umstehenden ist mir sicher. „Nachher müssen wir aber gleich die Trauung machen!", sage ich zum Standesbeamten. „Wegen dem Menü! Da ist die Vorspeise hinüber, wenn wir uns verspäten!" Der Standesbeamte nickt, schnappt seinen Aktenkoffer und geht auf den Steg zu, wo für ihn und uns beide Sessel aufgestellt sind, dazwischen ein Tisch. Alles hübsch dekoriert. Alle anderen, auch die Trauzeugen, müssen während der Trauung stehen bleiben.

Ich haste zum Auto. Öffne die Tür, hole den Sprühverband aus dem Handschuhfach. Sprühe mir die Finger der rechten Hand ein, mit denen ich das Hemd anfassen werde. Hoffentlich reicht das. Ich nehme das Hemd, werfe die Autotür zu, haste zurück.

Natürlich. Die Anna zieht dem Joe gerade das Hemd aus. Jede Menge Gekicher. Ein schöner Mann ist er ja, der Joe. Aber das reicht halt nicht, zumindest nicht für mich. Die Anna greift nach dem Ersatzhemd. Ich werfe ihr einen giftigen Blick zu, sie zieht ihre Finger zurück.

Blöderweise habe ich vergessen, die Knöpfe aufzumachen. Jetzt muss ich auch die linke Hand benutzen, um sie aufzuknöpfen. Und einfach hoffen, dass die Dosis nicht reicht, um mir ernstlich zu schaden. Der Joe streift das Hemd über. „Danke, mein Schatz!" Er will mich wieder küssen, aber ich kann ihm jetzt nicht zu nahe kommen. Wie viel Zeit haben wir noch? Zehn Minuten? Fünfzehn Minuten? Ich dränge. „Wir heiraten jetzt! Komm runter zum See!" Ich ziehe ihn an der Hand zum Steg, allgemeines Gelächter. Hoffentlich hat er an der Hand nicht schon Giftspuren.

Wir setzen uns hin, der Standesbeamte steht auf und beginnt zu reden. Ich höre nichts von dem, was er sagt. Der tiefblaue See. Vögel zwitschern. Der Wind ist eingeschlafen. Gespiegelter Wald im Wasser, ohne die geringste Störung des Bildes. Der Standesbeamte redet immer noch. Wir sollen aufstehen. Ich sage „Ja". Der Joe zuckt. Ich werfe einen Blick auf ihn. Er schwitzt. Er sagt „Ja". Der Joe räuspert sich und kratzt sich an der Brust. Dann am Rücken. Wir setzen uns wieder hin. Ein Mann sagt ja nichts, wenn ihm was wehtut. Jetzt müsste er schon das sogenannte Ameisenlaufen spüren, das als eines der ersten Symptome von Eisenhutvergiftung auftritt. Man hat das Gefühl, als würden überall auf dem Körper Ameisen krabbeln.

„Mir ist so kalt!", stöhnt der Joe. Er steht auf, starrt mich an, dreht sich um und sackt auf dem Steg zusammen. Allgemeines Aufschreien. Ich beuge mich über ihn, ohne sein Hemd zu berühren. Ich schreie. „Joe!", schreie ich. „Was ist?" Er stöhnt. Ich schreie lauter. „Helft ihm doch! Einen Arzt!" Ich weiß natürlich, dass weder in unserer Familie noch unter unseren Freunden ein Arzt ist. Das wird dauern, bis der Notarzt hier ankommt.

Jetzt schreie nicht nur ich. Der Joe krampft und übergibt sich. Auf das Hemd, wie geplant. Es wird im Krankenhaus sofort entsorgt werden. Falls er es noch bis dorthin schafft. Die Anna stürzt auf den Steg. „Joe!", schreit sie. Ich muss verhindern, dass sie ihn anfasst, dass sie in Kontakt mit seinem Hemd kommt. „Lass meinen Joe in Ruhe!", brülle ich. „Finger weg von ihm!" An meinen Blicken muss sie gemerkt haben, dass ich alles weiß. Sie bricht zusammen, heult in ihre vors Gesicht geschlagenen Hände.

Der Standesbeamte kommt auf mich zu. „Gnädige Frau ...", beginnt er. Ja. Ich bin die gnädige Frau. Jetzt bin ich verheiratet. Noch. Ich schlage, ebenso wie die Anna, die Hände vor das Gesicht. Der Joe röchelt und krümmt sich. Er muss grauenhafte Schmerzen haben. Ich beuge mich über ihn. Ich will in seine Augen sehen. Meine Tränen tropfen in sein Gesicht. Er sieht mich an. Verzweifelt. Ich hoffe, er weiß, warum er sterben muss. Er stinkt.

Sirenen heulen, Männer und Frauen in orangen Anzügen stürzen auf den Steg, eine junge Frau zieht mich hoch und führt mich weg. „Kommen Sie", sagt sie. „Ich bring Sie hier weg." „Defi!", höre ich einen Sanitäter schreien. Es ist also schon so weit. Die Sanitäter tragen alle Handschuhe, ihnen wird also nichts passieren.

Die Frau bringt mich zu einem Rettungswagen, ich lege mich auf eine Bahre. Ich zittere und schluchze, ohne dass ich ihr irgendwas vorspielen muss. „Nichts mehr zu machen!", höre ich einen Sanitäter sagen. Die Vorspeise, fällt mir ein, wäre jetzt servierbereit.

3

„Was hat Ihr Mann denn an diesem Tag getrunken oder gegessen?" Dass sie ziemlich bald darauf kommen würden, dass der Joe an einer Eisenhutvergiftung gestorben ist, das war mir klar. Ich zucke mit den Schultern. „Wissen Sie nicht, dass der Bräutigam die Braut vor der Hochzeit nicht sehen darf? Wir waren weder am Morgen noch in der Nacht zusammen." Der Chefinspektor kratzt sich am Kopf. „Sie haben also keine Ahnung, wer ihm den Eisenhut verabreicht haben könnte? Und wie?" „Nein!", flüstere ich und breche in Tränen aus. Darin habe ich inzwischen Übung.

„Es tut mir ja leid, Frau Perlmoser!", murmelt der Inspektor, während ich mir ein Papiertaschentuch gegen die Augen drücke und meinen Busen zum Beben bringe. Das verfehlt seinen Eindruck selten. Ja, ich bin jetzt Frau Perlmoser. Vielleicht werde ich mein nächstes Lokal „PP" nennen. Paula Perlmoser. Wenigstens einen hübschen Namen hat mir der Joe hinterlassen. Und so eine kleine Witwenrente ist auch nicht zu verachten, selbst wenn sie sehr bescheiden ausfällt. Viel verdient hat der Joe ja nie.

„Ich weiß nur, dass wir Sekt getrunken haben!", schluchze ich. „Und dann haben wir seinen Geburtstagswein aufgemacht!" Ich tupfe mir vorsichtig die blauen Spuren von den Wangen, die meine Tränen hinterlassen haben. „Und von dem Wein haben ja schließlich alle getrunken! Und vom Sekt auch!" Der Inspektor nickt. „Das ist uns klar. Sagen Sie, mit wem war er denn an diesem Morgen zusammen?" „Das habe ich Ihnen doch schon einmal gesagt!", protestiere ich. „Mir nicht", lächelt der Inspektor und reicht mir ein neues Taschentuch. „Meiner Kollegin. Die die Ersteinvernahme durchgeführt hat." „Er war daheim, bei seinen Eltern."

Mir kommt eine Idee. „Aber da gibt es was, das ich Ihnen noch nicht erzählt habe", stammle ich. „Und das wäre?" „Mein Mann hat vor der Hochzeit ein Verhältnis gehabt. Ich hab ihn in flagranti erwischt, und er hat mir hoch und heilig versprechen müssen, dass es mit der Anna aus ist, wenn ..." „Anna wer?", fragt er. „Anna Weiß", flüstere ich. „Vielleicht hat er sich an dem Morgen noch einmal von ihr verabschiedet ..." „Die war doch bei der Hochzeit?" Der Inspektor zieht die Stirn in Falten. Ich nicke und zerdrücke ein paar weitere Tränen. Die Anna ein bisschen hinzuhängen kann nicht schaden. Obwohl ich dadurch natürlich, in den Augen des Inspektors, ein Motiv für den Mord habe, kann ich es mir nicht verkneifen, sie ins Spiel zu bringen.

„Sagen Sie, Herr Inspektor", frage ich, „was ist denn mit den Sachen von meinem Mann? Ich meine die, mit denen er ins Krankenhaus gekommen ist?" Nun zuckt der Inspektor mit den Schultern. „Entsorgt, vermute ich. Sie wissen ..." Er zögert. „Es waren ... Körperflüssigkeiten vorhanden. Da ist man sehr vorsichtig, bei Vergiftungen." Er darf mein Aufatmen nicht bemerken. „Schade!", schluchze ich. „Ich hätte die Hochzeitssachen so gern gehabt ... als Andenken!" Der Inspektor klopft mir beruhigend auf die Schultern, und ich lehne mich ein wenig gegen ihn. Er ist ein recht attraktiver Mann. Zwar schon ein wenig älter, aber gerade die lieben es oft ein wenig mollig.

Er schiebt mich sanft von sich. Sehr sanft. Dann steht er auf. „Ja, ich muss jetzt ... Wir werden uns wohl noch einmal sehen, hoffe ich." Jetzt lächelt er. „Auf Wiedersehen", sage ich, und er winkt mir zu, bevor er die Tür schließt.

Vielleicht wäre das ein Mann für mich. Nach zwei solchen Pleiten hätte ich es mir wirklich verdient. Wenn ich daran denke ... der Joe, und davor der Harald ... Der war Gott sei Dank schon auf dem Himalaya, als das Pilzgift seine Nieren zerstört hat. Es ist eben alles eine Frage des Timings.

Der Mann in der Mauer

Er blickte über das milchige Wasser des Sees zur Staumauer hinüber. Sie ragte hoch über die Wasseroberfläche hinaus. Auf der dem See zugewandten Seite war bereits ein kleiner, ovaler Fleck von der Mittagssonne beschienen. Vorsichtig lehnte er sich auf die kalte Steinbrüstung vor ihm, die noch im Schatten lag. Fast vierzig Jahre war es jetzt her, dass er selbst dort gestanden war, auf der Krone der Mauer, und mit hunderten anderen dafür gesorgt hatte, dass der Beton reichlich und schnell immer an die richtige Stelle floss. Vierzig Jahre.

Drei Jahre lang hatte er hier heroben noch gearbeitet, nach dem Bau. In der Staumauer. Manchmal hatte er auf den täglichen Kontrollgängen durch die Tunnels das Gefühl gehabt, der Jakob läge direkt über ihm, oder neben ihm, in der Mauer.

Später war er fast jedes Jahr einmal hier heraufgekommen. Aber diesmal, das hatte er sich fest vorgenommen, würde es das letzte Mal sein. „Photo?" Eine Japanerin hielt ihm ihre Kamera hin. Es konnte auch eine Chinesin sein. Er schüttelte den Kopf. „Kaun i net!", antwortete er. Die Japanerin warf ihren beiden Freundinnen fast verzweifelte Blicke zu. Die hatten sich schon kichernd an der Mauer postiert, die die Gedenkstätte für die beim Bau der Kölnbreinsperre verunglückten Arbeiter umgab.

Jakob Unterlugegger. Der siebzehnte Name auf der Tafel. Er setzte sich auf eine Bank und starrte auf die Felswand, die die Namen der 24 Unglücklichen trug, die nie mehr ins Tal zurückgekehrt waren. Er seufzte. Es war ja alles nur wegen der Kathi passiert. Die mit den dunklen, langen Haaren, die so von der Seite her lächeln konnte und so wunderschöne, große braune Augen hatte. Nur wegen der Kathi waren sie in Streit geraten, sonst wäre das alles nicht passiert, damals.

Tanzen waren sie gewesen. Damals hatten die Jungen noch getanzt. Der Jakob und die Kathi und er, sie waren wieder einmal zu dritt gewesen. Keine gute Zahl, drei, wenn man tanzen geht. „Tanz mit mir!", hat er sie vom Sessel gezogen, ein wenig grob vielleicht. Aber sie hat sich nicht gewehrt. Nur irgendwie hat er es gespürt, an der Art, wie sie den Arm auf seine Schulter legte und wie sie, nur ein klein wenig, zurückwich, wenn er sie an sich drückte. Da hat er es gespürt, dass er vielleicht der von den dreien war, der hier einer zu viel war. Aber gesagt hat sie nichts, die Kathi.

Draußen vor dem Wirtshaus, in der Dunkelheit, da hat sie sich sogar von ihm küssen lassen. Der Jakob ist schon längst bei der Schank gestanden und hat mit den anderen Burschen einen Schnaps nach dem anderen geleert. Aber wieder hat er gespürt, dass sie ihn halt einfach hat machen lassen. Aus Mitleid, vielleicht, ohne dass es sie irgendwie interessiert hätte. Er hat ihr gesagt, dass er sie liebe und dass er sie auf der Stelle heiraten würde, wenn er das Geld dazu hätte. Da hat sie nur gelacht. Aber so gelacht, dass er gemerkt hat, dass sie ihn gar nicht ernst nahm. Dann, beim Heimgehen, hat er es an den Schatten, die die Straßenlaternen auf den Boden geworfen haben, ganz deutlich gesehen: Zwischen ihr und dem Jakob kam kein Lichtstrahl durch. Zwischen ihr und ihm, da war ein Lichtstreifen, so breit wie eine Hand.

Sie lacht heute noch immer so wie damals, die Kathi. Aber hoffentlich nicht mehr lange.

Sie hat sich ja bis heute geweigert, jemals wieder hier heraufzukommen, wo der Jakob gestorben war. Das hält sie nicht aus, hat sie gesagt, dass sie da herauffährt und sich die Staumauer anschaut, in der der Jakob drinliegt. Das tut sie sich nicht an.

Er hatte ihr ein Überraschungswochenende versprochen, weil sie ja schon so lange nicht auf Urlaub waren. In einem besonderen Hotel, hatte er versprochen. Und sie hatte natürlich nur Schuhe für das Stadtpflaster mitgenommen. Sie hatte ja eigentlich nur solche Schuhe. Was anderes interessierte sie gar nicht mehr, schon lange nicht mehr. Nur vor den Auslagen auf und ab. Und ins Kaffeehaus, und so weiter. Aber die Natur, die Berge, die Pflanzen, die Kräuter, die Pilze, das alles war der Kathi völlig egal. Das hätte er damals wissen sollen, das hätte er sich damals besser überlegen sollen, dachte er oft.

Natürlich war er wieder zur Kathi gegangen, nach dem Tod vom Jakob. Und er hatte sie getröstet und war wieder mit ihr tanzen gegangen, und wieder hatte sie sich nur ein klein wenig zurückgezogen, und nicht widerwillig, sondern nur ein kleines bisschen entfernt, ja entfernt, hatte sie ihn geküsst. Mit den Gedanken war sie wohl noch beim Jakob gewesen. Und er hatte an nichts anderes gedacht als an ihre Haare, ihre Augen, ihre Brüste, ganz verkrampft hatte sich sein Magen vor Sehnsucht nach ihr.

Schließlich hatte sie ihn doch geheiratet. Fast vierzig Jahre Missmut, Kopfschmerzen und Bissigkeit. Warum er bei ihr und sie bei ihm geblieben war? Er wusste es nicht. Vielleicht bloß aus Trotz. Oft blickte er zum Himmel auf, so, als ob der Jakob ihn sehen könnte, und grinste höhnisch. „Ich hab sie jetzt, ich! Nicht du!"

Er ging langsam den Weg zurück zu der Forststraße, die am See entlangführte. Dann stieg er die wenigen Meter zur Jägersteighütte hinauf. Er würde jetzt noch nicht ins Hotel zurückkehren. Jetzt noch nicht. Die Kathi sollte sich ruhig allein auf die Hotelterrasse setzen und ihren depperten Aperol Spritz schlürfen. Wenn sie das in der Stadt konnte, dann sollte sie das hier heroben auch tun. Im Hotel brauchte man wenigstens keine Bergschuhe.

Er blieb stehen und sah um sich. Vielleicht ließ sich irgendwo ein Murmeltier blicken. Manchmal hatte er schon welche pfeifen gehört, in der Umgebung der Hütte, hin und wieder sogar eines gesehen. Er ließ sich auf der Terrasse der Hütte nieder. Noch musste man keine Sonnenschirme aufspannen – obwohl die Sonne hoch stand, wehte eine kühle Brise vom Talschluss her. Er behielt seine Weste an. Wäre keine gute Idee, sie auszuziehen und im verschwitzten Hemd im Wind zu sitzen.

„Servus!" Er nickte dem Wirt zu. „Bringst mir ein Bier, und eine Speckjause!" Der Wirt nickte und holte eine Flasche Bier aus dem hölzernen Weidetrog, in den leise frisches Wasser aus der Quelle plätscherte. Zwei Tische weiter saß ein älteres Paar mit einem Hund, der sich unter dem Tisch zusammengerollt hatte und schlief.

„Mit dem Jakob wär mir das nicht passiert!", hatte die Kathi gekeift, auch zwanzig Jahre nach dessen Tod noch. Immer, wenn irgendwas nicht so gelaufen war, wie sie es sich vorgestellt hatte. „Der Jakob hätt's zu was gebracht!", wenn er mit einem Gebrauchtwagen statt einem neuen nach Hause gekommen war. „Wenn nur der Jakob noch leben tät!", wenn er wieder einmal ein paar Hunderter beim Kartenspielen verloren hatte.

Der Wirt stellte ihm ein Holzbrett mit zwei dicken Scheiben Speck neben seinen Bierkrug, einen Brotkorb mit zwei Scheiben Schwarzbrot und einem kleinen, scharfen Messer. Gedankenverloren begann er, eine Scheibe in ganz feine Streifen zu schneiden.

Zu Dutzenden, wenn nicht zu Hunderten, waren sie damals auf der Dammkrone gestanden. Es waren die ersten warmen Tage im Mai gewesen, und endlich war der tiefe Schnee des vergangenen Winters auf die umliegenden Berghänge zurückgewichen. Endlich froren sie nicht mehr so erbärmlich während der Schichten, die nicht und nicht zu Ende gehen wollten. Der Jakob direkt neben ihm.

Der Jakob hatte die Arbeit am Staudamm angenommen, weil er die Kathi heiraten wollte. Und ein Haus bauen, für sich und die Kathi und die Kinder, die sie bekommen wollten. Warum er mit dem Jakob mitgegangen war, wusste er selbst nicht genau. Vielleicht, weil er in seiner Nähe bleiben wollte.

Und in der vergangenen Nacht, da hatte der Jakob nicht aufhören können, von der Kathi zu schwärmen. In all der Zeit hatte der Jakob nicht gemerkt, dass eigentlich er die Kathi liebte. Der Jakob hatte überhaupt nie viel gemerkt. Dass er vor Wut die Fäuste zusammenballte, wenn er mit anhören musste, wie der Jakob mit geiler Flüsterstimme von den Dutteln und der Fut der Kathi erzählte. Der hatte die Kathi ja gar nicht verdient.

Und dann kam der Kübel mit dem frischen Beton am Kranseil zu ihnen herübergeschwungen. Entweder hatte der Kranfahrer nicht genau gezielt, oder ein Windstoß hatte den Kübel ein wenig von ihnen weggetrieben. Der Jakob hatte sich nach dem Kübel strecken und dabei vorbeugen müssen. Ein kleiner Stoß mit dem Ellenbogen hatte genügt, und der Jakob war mit einem endlosen Aufschrei in den Abgrund gestürzt. So schnell prasselte der frische Beton auf den Jakob hinunter, dass nach Sekunden nichts mehr von ihm zu sehen gewesen war. Aufgeregt hatte er dem Kranfahrer gewinkt, geschrien. Bis alle auf ihn aufmerksam geworden waren und die Arbeit für kurze Zeit eingestellt werden musste. Aber es war natürlich völlig unmöglich, den Jakob da drunten wieder herauszuholen. Für diesen Tag war die Schicht vorbei gewesen, die Polizei musste geholt werden.

In der Nacht hatte er immer wieder den Schrei vom Jakob gehört und ihn in die Grube stürzen sehen. Sogar er selbst war hinuntergestürzt und danach schweißgebadet aufgewacht. Mehrmals.

Am nächsten Morgen gab es eine kurze Trauerfeier. Die siebzehnte. Danach arbeitete ein anderer an seiner Seite. Niemand hatte auch nur den Funken eines Verdachts geäußert. Die Arbeit auf einer solchen Baustelle war gefährlich, Opfer mussten in Kauf genommen werden.

So war das gewesen. Und er war hinuntergefahren zur Kathi, an seinem ersten freien Tag, und hat sie in den Arm genommen. Ein halbes Jahr dauerte es, bis sie bei seinem Anblick nicht mehr in Tränen ausbrach. Und ein weiteres, bis sie ihn heiratete.

„Bringst mir noch ein Bier?" Die letzten Speckstreifen wanderten von der Hand in den Mund, vom Brot begleitet, vom Bier hinuntergespült. „Und einen Schnaps. Einen Obstler."

Drei Schnäpse später stemmte er sich schwerfällig von der Bank hoch. Warm war ihm mittlerweile geworden. Die Sonne hatte doch ganz schön Kraft, obwohl er fast 2000 Meter über dem Meer war. Das Bier und der Schnaps hatten ihm die Beine ein wenig schwer gemacht.

Er war froh, als der Rundbau des Hotels wieder in Sicht kam. Wie man ein Hotel nur rund bauen konnte. So ein Blödsinn. Hatte man früher die Almhütten vielleicht rund gebaut? Aber einen Vorteil hatte der Bau, und den würde er für sich zu nutzen wissen. Er hatte sich nämlich einen ganz bestimmten Schlüssel besorgt, den er heute noch brauchen würde.

Die Kathi war noch nicht im Zimmer, als er ächzend die Bergschuhe auszog, sich aufs Bett legte und den Fernseher einschaltete. Heiß würde es morgen werden, hörte er im Wetterbericht. Die österreichische Fußballnationalmannschaft bereitete sich auf ein Länderspiel vor. Ein wichtiges. Ihm schien das Training, das er im Fernsehen zu sehen bekam, kindisch. Seniorenturnen. Er nickte ein.

„Du musst dich noch duschen!" Jemand rüttelte ihn. Die Kathi. Mit Lockenwicklern auf dem Kopf. „Das ist ein elegantes Restaurant. Da gehst du mir nicht mit dem verschwitzten Wanderhemd zum Abendessen!" Er würde ihr den Gefallen tun. Es musste nicht sein, dass heute noch ein Streit vom Zaun gebrochen würde. Könnte unangenehme Fragen zur Folge haben. „Man hat einen Streit aus Ihrem Zimmer gehört! Worum ging es da?" Das war das Letzte, was er brauchen konnte.

Ein wenig dumpf fühlte sich sein Kopf an. Und er hatte Durst. „Du stinkst nach Schnaps! Dass du dir nicht gleich wieder ein Bier bestellst!" Was war bloß aus ihren sanften braunen Augen geworden. Giftpfeile schossen sie jetzt auf ihn ab. Aber er würde schweigen. Er würde sogar Johannisbeersaft zum Abendessen trinken, er würde danach ohnehin einen klaren Kopf brauchen. Langsam schwang er seine Beine über den Bettrand und drückte sich hoch. Achtlos warf er sein Wanderhemd auf einen der Polstersessel, was ihm neuerlich einen missbilligenden Blick eintrug. Diesmal jedoch schwieg die Kathi wenigstens.

Die Suppe war so eine Cremesuppe. Nicht ganz sein Fall, aber nicht schlecht gekocht. Irgendwas mit Paprika und Mais. Die Kathi gab sich versöhnlich. Wahrscheinlich weil ihr das Restaurant gefiel. Irgendwie elegant. Und das Menü, das gefiel ihr auch. Warum er plötzlich so großzügig gewesen sei. Und ob er überhaupt an den armen Jakob gedacht habe. Sie plapperte in einem fort. „Wo warst denn eigentlich?"

„Bei der Gedenkstätte", antwortete er wahrheitsgemäß. „Wegen dem Jakob." Die Kathi zischte verächtlich. „Das glaubst du ja wohl selber nicht! Du wolltest ihn doch eh aus dem Weg haben! Und außerdem, stinkt man da nach Schnaps, wenn man eine Gedenkstätte besucht?" Er hob seine Suppentasse an, um den letzten Löffel herauszuholen, und schwieg. Um des Friedens willen.

Als Hauptspeise gab es Kärntner Kasnudeln. Er hätte lieber Fleischnudeln gehabt, aber die Kathi war begeistert. „Das hab ich ja ewig nicht gehabt!", kreischte sie. Wenn sie selber ordentlich kochen könnte, dann hätte sie vielleicht hie und da einmal selber welche gemacht, dachte er. So wie seine Mutter. Die hatte ihn übrigens vor der Kathi gewarnt. „Nur mit den Wimpern klimpern und den Busen herausstrecken! Und die Nägel lackieren!", hatte sie geätzt. „Die taugt nix!" Das nützte ihm aber jetzt nichts mehr. Und der Mutter auch nicht, denn die war schon lange unter der Erde.

Er schenkte sich nach, unter den prüfenden Blicken der Kathi. Wenigstens hatte er eine Flasche Wein bestellen dürfen, weil sie auf den anderen Tischen auch Weinkühler hatte stehen sehen. Die Kathi schob ihm die letzte Kasnudel hin. „Puh! Ich bin total voll!"

Nach dem Espresso wollte die Kathi ins Zimmer. Erstens, weil irgendeine Fernsehshow lief, die sie nicht versäumen wollte, und zweitens sei sie müde. „Geh schon mal vor!", sagte er. Die Fernsehshow konnte ihm gestohlen bleiben. Und außerdem musste die Kathi nicht wissen, dass er jetzt noch einen Schluck brauchte, vor dem, was ihm bevorstand. Mit Johannisbeersaft ging das einfach nicht, und der Wein genügte auch nicht.

Mit dem Schnapsglas in der Hand trat er auf die Terrasse. Völlige Stille herrschte hier, und kaum ein Licht verdunkelte den Sternenhimmel über ihm. Kalt war es geworden, und gerade deswegen war die Luft wohl so klar. Nur schemenhaft konnte er die Staumauer wahrnehmen. Nichts regte sich. Er freute sich auf morgen.

„Die Leila ist heute ausgeschieden", informierte ihn die Kathi, als er ins Zimmer trat. Er hatte keine Ahnung, wer die Leila war und woran sie, offenbar erfolglos, teilgenommen hatte. Jedenfalls saß sie jetzt im silberfarbenen Minikleid in einem purpurroten Polstersessel und heulte. Auch die Kathi hatte feuchte Augen. Die Kasnudeln drückten im Magen. Kurz wurde er unsicher, ob er es wirklich tun sollte. Aber dann dachte er an die Angelika. Und Bonnievale. Morgen würde er sie wiedersehen, wenn er heute erledigte, was zu erledigen war.

Er zog Hemd und Hose aus und faltete beides sorgfältig über den Lehnstuhl. Der Pyjama war noch im Koffer. Er holte ihn heraus und schlüpfte hinein. Die Kathi war völlig in ihrer Castingshow versunken. Besser, es geschieht, bevor die Werbung anfängt, dachte er. Und außerdem, bevor spät am Abend alles ganz ruhig wurde im Hotel. Denn dann hörten die Schlaflosen besonders gut.

Entschlossen packte er den Polster und drückte ihn der Kathi auf den Kopf. Dann warf er sich über sie, sodass er auf ihrem Bauch zu sitzen kam. Die Kathi zappelte und schrie, aber viel war nicht zu hören. Er musste fester drücken, sonst warf sie ihn noch ab. Er legte seinen Unterarm quer über den Polster, da, wo Mund und Nase der Kathi sein mussten. Sein ganzes Körpergewicht legte er in den Druck, und das war nicht wenig. Die Kathi schlug mit Armen und Beinen aus, doch bald hatte er das Gefühl, als würden ihre Bewegungen schwächer. Schweiß trat auf seine Stirn. Sie stöhnte noch immer, doch er saß fest im Sattel. Plötzlich wurde es ganz still, Arme und Beine der Kathi wurden schlaff und glitten auf das Leintuch. Eine Weile noch hielt er den Polster fest, ganz fest. Nur um sicherzugehen. Doch die Kathi zuckte nicht einmal mehr.

Was er nicht sehen wollte, waren ihre Augen. Er hob den Polster auf, zog den Überzug herunter und stülpte ihn der Kathi über den Kopf, ohne hinzusehen. Dann stand er auf und stellte sich ans Fenster. Der Jakob und die Kathi. Wenn es stimmte, was die Kathi glaubte, dann waren sie jetzt glücklich wiedervereint. Dank ihm.

Er atmete schwer. Niemand konnte behaupten, er wäre kaltblütig. Egal war ihm das nicht. Aber da ging es um Dinge, die einfach getan werden mussten, selbst wenn sie einem schwerfielen. Auch er hatte ein Recht auf einen glücklichen, friedlichen Lebensabend. Mit der Angelika. Wenn sich die Kathi da dazwischenstellte, dann musste sie sich die Folgen schon selber zuschreiben. Er holte die Flugtickets aus der Außentasche seines Koffers. Kapstadt. Der Bruder von der Angelika war Kellermeister in einem großen Weingut in Bonnievale, nicht weit von dort.

Er legte sich wieder neben die Kathi und schaltete auf ein anderes Programm um. Ein Krimi. Das brauchte er jetzt nicht. Nachrichten. Da würde die Kathi auch bald vorkommen. Bis jetzt war es leicht gegangen, aber es gab noch ein paar Hürden zu meistern. Er war kein guter Schauspieler. Die Polizei würde ihn befragen, mehrmals wahrscheinlich. Womöglich würden sogar Reporter vor seiner Tür auftauchen.

In der Minibar fand er noch einen ganz kleinen Whisky. Den stürzte er hinunter und sah auf die Uhr. Zu früh. Noch musste man mit Spätheimkehrern rechnen. Nach eins, als er schon fast neben der Kathi eingenickt war, fasste er sich ein Herz. Einschlafen, das durfte nicht passieren. Denn bevor es hell wurde, musste die Kathi weg sein. Er holte eine Decke aus seinem Koffer, eine neue, vorige Woche hatte er sie im Supermarkt erstanden. Sie steckte noch in einer Plastikfolie. Die Latexhandschuhe hatte er auch tief unten im Koffer verborgen. Er streifte sie über und zog der Kathi die Bettdecke weg. Hässlich war sie ja nicht gewesen, trotz ihrer fast sechzig Jahre, das musste man ihr lassen. Fast tat es ihm einen Moment lang leid um sie.

Sorgfältig wickelte er sie in die Decke. Schwer war sie ja nicht. Zum Schluss zog er ihr den Polsterüberzug wieder vom Kopf und steckte den Polster hinein. Jetzt kam der Schlüssel ins Spiel. Der Schlüssel für den Lift. Der führte nämlich vom Hotel direkt in die Staumauer hinunter. Allerdings brauchte man dafür einen Schlüssel, um bis ins unterste Stockwerk fahren zu können. Dort begann ein langer Gang, der in die Staumauer hineinführte. Das war besonders im Winter angenehm, wenn meterhoch der Schnee lag – dann musste man für die Inspektion der Staumauer keinen Fuß ins Freie setzen.

Nicht umsonst hatte er drei Jahre lang diese Inspektionsgänge selbst durchgeführt. Gut, beim Schlüssel war ihm ein Zufall zu Hilfe gekommen – der Leo, der jetzt als Techniker hier heroben Dienst tat, hatte ihn selber im Lift stecken lassen. Aber an den wäre er sonst auch irgendwie herangekommen. Ein Bier mit dem Leo, ein bisschen tratschen, ein bisschen ablenken.

Vorsichtig öffnete er die Zimmertür. Draußen war es dunkel und still. Er drückte den Lichtschalter, und der Gang um den Liftschacht herum erstrahlte in warmem Licht. Zehn Schritte bis zur Lifttür. Er holte den Lift zu sich herauf. Die Türen glitten lautlos auf, als er ankam. Nur ein lästiges Klangsignal. Sollte er die Tür blockieren, damit sie gleich offen war, wenn er mit der Kathi herauskam? Er entschied sich dagegen. Zu viel Lärm, zu viel Aufwand, dauerte zu lange. Er ging eine Runde um den Lift herum. Nirgends hörte man noch Geräusche. Doch! Im Zimmer neben dem seinen stöhnte jemand vor Lust. Der Mann grunzte. Umso besser. Sie würden ihn nicht hören, und den Lift brauchten sie wohl auch nicht.

Jetzt. Bevor der Lift am Ende wieder in ein anderes Stockwerk geholt wurde. Er hob die Kathi an. Schwer. Mit einer Hand die Zimmertür hinter sich zuziehen. Er begann zu schwitzen. Warum ging die Lifttür nicht auf? Panik. Endlich doch. Vorher war das doch viel schneller gegangen. Kathi in den Lift. Ein lauter Plumpser. Zu laut? Die Tür ging nicht zu! Doch. Endlich! Schlüssel ins Schloss. Nur jetzt niemand, der in irgendeinem Stockwerk vor der Lifttür wartete! Ein Kellner vielleicht, der nach Dienstschluss noch ein paar Bier getrunken hatte.

Der Lift hielt im untersten Stockwerk. Aufatmen. Der Gang draußen sah gar nicht mehr nach Hotel aus, er war bereits in dem Teil der Staumauer, der in den Berg hineinragte. Kathi schultern. Mist. Da stand das alte Mountainbike, das der Leo benutzte, um die Inspektionsgänge abzukürzen. Krachend stürzte es um. Gehört hatte sicher niemand etwas. Vierhundert Meter bis zum Lift. Er keuchte. Die Kathi war schwerer als ein Zementsack. Das Knie. Das rechte. Stechende Schmerzen.

Endlich der zweite Lift. Mit Mühe gelang es ihm, die Kathi hineinzuhieven. Der Liftkorb war furchtbar eng, wie ein Kleiderschrank. Er war ja nur für eine Person gedacht. Die ganze Staumauer hinunter führte er, bis an den Fuß. Während der Fahrt wagte er sich kaum zu regen. Der Lift war empfindlich. Wenn es zu starke Erschütterungen gab, schaltete er sich ab. Und dann würde der Leo ihn und die Kathi am nächsten Morgen händisch wieder hinaufkurbeln müssen.

Endlich unten. Wo war noch einmal diese dunkle Nische, in die das Neonlicht nicht hineinreichte, das die Gänge düster und flackernd erhellte? Verdammt! Der Kopf von der Kathi war gegen die Decke gestoßen. Er musste sich ducken. Das Knie schmerzte höllisch, und jetzt auch noch der Rücken. Da! Die Abzweigung nach rechts. Zwanzig Meter weiter die Nische. Hinten gab es noch einen Knick, um neunzig Grad. Keine Ahnung, warum sie das hier gebaut hatten, aber es war perfekt. Er setzte die Kathi ganz hinten hin. Fast fiel ihm der Abschied schwer. Wahrscheinlich würde sie hier als Mumie enden. Die Luft war trocken, trotz der hundert Meter Wasser, die sich seeseits über ihm auftürmten. Hoffentlich würde sie nicht zu stinken anfangen.

Er ging in den Gang zurück und prüfte. Konnte man die Kathi sehen, wenn man zügig vorbeiging? Niemals. Auch wenn man einen genaueren Blick riskierte, blieb sie verborgen. Man musste schon ganz ans Ende der Nische gehen. Nicht umsonst hatte er eine schwarze Decke ausgesucht. Er leuchtete vom Gang mit der Taschenlampe hinein. Perfekt.

Er war jetzt völlig durchgeschwitzt, das Hemd klebte ihm am Körper. Magenkrämpfe. Die Kasnudeln, oder war es doch das schlechte Gewissen? Egal, jetzt war es zu spät. Zurück zum ersten Lift, zurück unter die Krone der Mauer. Zurück zum Hotellift. Der war noch da, niemand hatte ihn geholt. Ein Schreck durchfuhr ihn. Was, wenn jemand den Lift geholt und entdeckt hätte, dass er von ganz unten kam? Wo gar niemand sein sollte? Aber er hatte Glück gehabt, es war nichts passiert. Vorsichtig stellte er das Mountainbike wieder auf. Schlüssel ins Schloss, dritter Stock. Niemand auf dem Gang. Zimmerschlüssel ins Schloss, hineingeschlüpft, Tür zu.

Schlafen konnte er nicht. Es war genauso wie damals beim Jakob. Immer wieder erschien ihm die strampelnde und stöhnende Kathi. Nächste Woche würde er schon im Flugzeug sitzen. Die Angelika würde im Verkauf mithelfen, und er würde sich nützlich machen, wo man ihn brauchte. Und seine Pension hatte er schließlich auch noch.

Er schreckte hoch. War da was? War sie zurückgekommen? Klopfte jemand an die Tür? Da klopfte jemand! Hirngespinste. Alles Hirngespinste. Aber es war noch nicht vorbei. Er hatte noch etwas zu tun.

„Meine Frau ist verschwunden!", schrie er die Rezeptionistin an, die ihn verschreckt anstarrte. „Seit gestern Nacht! Sie müssen die Polizei holen! Schnell!" Dass er außer sich war, das musste er dem Mädchen gar nicht vorspielen. „Ich hol schnell die Chefin!" Selber wurde sie mit dieser Situation anscheinend nicht fertig. Er schwitzte schon wieder. Und atmete heftig. Am Ende würde er wirklich gleich einen Herzinfarkt bekommen, nicht einmal einen vorspielen müssen. Ihm war schlecht. Vor Müdigkeit, vor Hunger. „Erzählen Sie mir bitte einmal genau, was passiert ist!" Die Chefin nahm ihn am Oberarm und führte ihn in das Büro hinter der Rezeption.

Währenddessen öffnete der Leo die Lifttür und griff nach seinem Mountainbike. Irgendwas kam ihm komisch vor. Er schwang sich in den Sattel und trat vorsichtig in die Pedale, denn der Gang war schmal. Jetzt wusste er es: Er hatte das Bike nicht umdrehen müssen, es hatte in Fahrtrichtung gestanden. Hatte er das wirklich so hingestellt? Normalerweise, da war er sich fast sicher, ließ er es so stehen, wie er ankam. Konnte es jemand umgedreht haben? War jemand in der Staumauer gewesen? Er nahm sich jedenfalls vor, heute ein bisschen genauer zu schauen.

Das mit dem Ferdi

„Sophie, bringst mir den Fenchel-Orangen-Salat herüber? Ja. Den tun wir dann zu den Debrecziner-Scheibchen in Blätterteig. Nein, die Entenbrust, die kannst noch eingeschweißt lassen. Die mach ich dann selber."

Irgendwie ist es mit dem Ferdi dann einfach nimmer gegangen. Monatelang, was heißt monatelang, eigentlich jahrelang bin ich ihm in den Ohren gelegen. Dass wir mehr machen müssen aus diesem Standort. Dass man da nicht ewig Burenhäutl, Klobassa und Dosenbier verkaufen kann. Ich mein, wozu bin ich denn in die Tourismusschule gegangen? Matura mit Auszeichnung! Und bei einem Haubenkoch ein Praktikum gemacht. Ich frag Sie, wozu? Damit ich dann jahrzehntelang Eitrige aus dem Kessel fisch? Dabei ist gleich ums Eck die Staatsoper. Vor der Nase, praktisch, die ganzen Kaiser in der Kapuzinergruft. Hinten das wunderbare Museum. Gut, den Hasen vom Düringer, den zeigen sie ja jetzt gerade nicht. Weil der Bleistift von damals das Licht nicht verträgt, hört man. Hätt er sich halt einen besseren Bleistift kaufen sollen, der Düringer. Ja, Dürer, natürlich. Der Düringer, das ist ja dieser ordinäre Kerl vom Fernsehen. Der zeichnet sicher keine Hasen. Kann man ja einmal verwechseln, nicht.

Aber trotzdem! Jede Menge Japaner! Jetzt die Russen! Ich hab sogar schon Russisch gelernt. Strastwitje. Baschalsta. Charascho. Und dann schon die Chinesen. Mihau. Die werden in Massen kommen, das sagen alle. Da musst du vorbereitet sein. Ihre acht Schätze, oder wie das Zeug heißt, das haben sie selber zu Hause. Das brauchen sie hier nicht. Da steigen einem ja die Grausbirnen auf bei dem, was die Chinesen-Standln verkaufen. Knusprige Ente auf Nudeln im Pappstanitzel. Und die Fertigsoßen aus dem Flaschl drübergepatzt. Pfui Teufel! Das können Sie mir glauben, irgendwann werden sie bei der Wissenschaft draufkommen, dass wir alle an diesen grauenhaften Geschmacksverstärkern sterben werden. Glutamat. Und E null null irgendwas. Das sag ich Ihnen. Kommt bei mir natürlich überhaupt nicht in Frage! Das wär ja noch schöner!

Da kannst du, habe ich dem Ferdi immer wieder gesagt, da kannst du nicht einfach Würstel verkaufen, an diesem Standort, immer das Gleiche, wie der Vater und der Großvater. Der Ferdi hat aber gemeint, ein Würstelstand ist und bleibt ein Würstelstand. Und von Tradition und Generationen hat er gefaselt. Und auf das Bild vom Großvater geklopft, mit dem Finger. Ob ich vielleicht nicht zufrieden bin, hat er mich gefragt. Immerhin, jedes Jahr Gran Canaria. Einmal sogar Mauritius. Das sag ich Ihnen aber im Vertrauen, den Fraß dort, den brauch ich nicht einmal geschenkt. Da sind sogar unsere Burenwürste noch besser gewesen, und die sind nicht einmal Bio.

Hab ich gesagt, Ferdi, hab ich gesagt, dann machen wir ein Gourmetstandl. Ich mein, architektonisch haben wir ja immer schon was gleichgeschaut. Ist ja nicht so, dass wir so eine weiße Pappschachtel vor die Albertina hingestellt haben, oder einen billigen Marktwagen. Aber der Ferdi, der hat mir die meiste Zeit nicht einmal zugehört. Wenn er auf dem Sofa gelegen ist, immer nur Fußball, Fußball, Fußball. Da treten sie stundenlang den Ball herum, und wenn ich einmal mit ihm reden will, da geht es „Pscht! Pscht!". Als wenn man da was verpassen tät, wenn ich mit ihm was Wichtiges zu besprechen hab. Schauen hätt er ja eh können. Zuhören hätt er mir halt sollen, der Ferdi. Da kann ich nur sagen, selber schuld!

„Ja, Herr Hofrat? Was wir heute für eine Suppe haben? Karotten-Ingwer-Schaumsüppchen. Mit einem Speck-Blätterteig-Stangerl dazu. Ja? Sehr schön, Herr Hofrat.

Einen weißen? Heute hätt ich den Gelben Muskateller vom Schandl im Angebot, aus Rust. Ein Gedicht, ich sag's Ihnen! Gern!"

Vom Schandl, da hab ich mir die Speckzwetschgen abgeschaut, die es dort beim Heurigen immer gibt. Passen hervorragend zu einem Happen mit selber gemachter Wildpastete! Natürlich hab ich mein Standl nicht Gourmet-Würstel oder so genannt, das ist ja abgeschmackt bis zum Erbrechen. Jeder Supermarkt nennt sich heute schon „Gourmet", wenn's mehr gibt als ein bissl abgepackten Pressschinken und vielleicht einen billigen Lachs aus Aquakultur. Da kann ich ja nur lachen. Sie müssten bei mir einmal den Alaska-Lachs kosten. Ich hab da einen, der fischt ihn dort direkt aus dem Eiswasser. Und ich zahl ihm nur den Fisch, die Reise zahlt er sich selber. Für den ist das ein Urlaub, wochenlang im saukalten Wasser herumstehen. Na ja.

Also, ich hab's dann „Armgards Essen" genannt. Das ist schlicht, kreativ, originell. Und „Essen" verstehen sogar die Japaner und die Chinesen. „Finest Fingerfood" hab ich dann noch dazugeschrieben, für die Amis. Und die Russen. Ich sag's Ihnen! Wenn da eine Gruppe von den Russen aus der Oper kommt, da werd ich locker fünf, sechs Flaschen Champagner los. Kristallglas natürlich. Die Weiber in *solchen* Stöckelschuhen! Und mitten im Winter mit den Miniröcken, halbnackert. Wie am Gürtel. Aber Geld wie Heu. Mir kann's ja egal sein, Hauptsache, sie zahlen. Wenn s' ein Glasl zusammenhaun, geben die freiwillig einen Fünfziger her. Und den teuren Schnaps von dem Edelbrenner da aus Oberösterreich, den kaufen s' mir gleich flaschenweise ab. Wachauer Marille, Wildheidelbeere, Birne, was du willst. Da tät der Ferdi schauen, wenn er das sehen tät! Aber er kann's ja nimmer sehen.

Ich hab mich natürlich ein wenig umgeschaut. In Wien, da gibt's ja keine Kreativität in der Gastronomie.

München, Köln, Venedig, da schaut es ganz anders aus. In Venedig hab ich auch die eleganten grauen Schieferplatten zum ersten Mal gesehen, auf denen ich meine Auswahl servier. Eine ganz schöne ist leider hin geworden, wie das mit dem Ferdi passiert ist. Schade drum. Billig sind sie ja nicht gerade.

„Noch ein Achterl, Herr Hofrat? Ob die Jakobsmuscheln frisch sind? Erlauben Sie! Haben Sie bei mir schon einmal eine gehabt, die nicht perfekt war? Sehen S'! Und auf den Weißbrotscheibchen, da haben wir einen ganz feinen Pecorino aus Sardinien, und drüber ein Haucherl von einem Crudo aus San Daniele. Sie werden's nicht bereuen!"

Platz hab ich halt zu wenig. Für meine Küche, da braucht's eben mehr als ein paar Plastiksäcke voller Würste und die Paletten mit den Bierdosen und dem Mineral. Aber ich hab eh schon ein Ansuchen laufen, dass wir erweitern können. Schau'n wir einmal. Der Bürgermeister kommt ja auch regelmäßig vorbei, der weiß auch, was gut ist. Berechnen tu ich ihm natürlich nichts, gibt er das Geld immer dem Mohammed und der Sophie als Trinkgeld. Besonders gern der Sophie. Wenn sie sich halt ein wenig vorbeugt, Sie wissen ja eh.

„Ob ich auch eine Käsekrainer habe? Selbstverständlich! Immerhin sind wir ein Würstelstand. Heute haben wir das Zitat von der Käsekrainer. Kross gebratene Scheibe von der Bio-Krainer in Kresseschaum. Mit einem gerösteten Hartweizenbrot vom Mayr in Vöcklabruck. Da fahr ich extra hin, zum Mayr. Ein solches Brot, das kriegst du nicht überall. Und die Wurst ist, wie gesagt, Bio. Vom Hochegger aus der Oststeiermark. Angus-Hochlandrind, ja. Ich will ja schließlich meine Kunden nicht vergiften. Bitte sehr! Lassen Sie sich's schmecken!"

Ja, und wie dann meine Ideen halt immer mehr geworden sind und der Ferdi überhaupt gar nicht mehr reagiert hat, da hat halt was geschehen müssen. Ehrlich gesagt, es war eh nimmer zum Aushalten mit ihm. Das Erste, was er in der Früh getan hat, war, dass er sich ein Sechzehner-Blech aufgerissen hat. Und dann hat er gleich gerülpst. Fast wie der Mundl im Fernsehen. Aber ich bin ja nicht irgendwer wie dem Mundl seine Resi, oder wie sie geheißen hat. Mein Vater hat die größte Fleischhauerei im ganzen Bezirk gehabt, bei uns daheim. Da hat sich der Ferdi ja gar keine Vorstellung davon gemacht, was unsere Familie bei uns daheim gegolten hat. Und dann er, mit seinem Sechzehner-Blech! Da kann ich ja nur lachen! Ich mein, immerhin muss man zugestehen, ein so ein Konzern-Geschlader ist es wenigstens nicht, wo die Holländer den Ton angeben. Ich bitte Sie! Holland! Die mit ihren Wassertomaten! Paradeiser kann man so was gar nicht nennen. Aber, um zum Bier zurückzukommen: Bei mir gibt's eben jetzt wirklich die ganz feinen Biere. Ein schönes Pils aus Kärnten, ein Zwickl aus dem Salzburgischen, vielleicht sogar einmal ein IPA aus einer Kleinbrauerei. Ich kenn da einen jungen Brauer in Radkersburg ... fantastisch! Und dann natürlich die dazu passenden Gläser. Nicht so einfach aus der Dose!

Dazugekommen ist dann noch das mit der Nadine. Das war die Geschichte, die das Fass einfach zum Überlaufen gebracht hat. Er hat sie ja eingestellt, ohne dass er mich gefragt hätte. Sicherlich, sie hat ein sehr gutes Zeugnis von ihrem Lehrherrn gehabt. Aber, seien wir uns ehrlich, der Ferdi, der hat sich das Zeugnis wahrscheinlich nicht einmal angeschaut. Wie die Nadine zu ihm hineingekommen ist, da hat er wahrscheinlich nur Augen für ihre Titten gehabt. Solche Apparate! Ich mein, ich bin ja sonst nicht so fürs Ordinäre, auch sprachlich. Aber erstens war die Nadine ordinär, und für das, was die im BH gehabt hat, passt einfach nur der Ausdruck Titten. Und nicht, dass Sie glauben, sie hätte wenigstens so einen Pullover darüber angezogen, also hochgeschlossen. Und vielleicht ein bisschen flach gedrückt. Kann man ja kaschieren, solche Monstrositäten. Ich zieh ja schließlich auch keinen kurzen Rock an. Aber nichts da! Die hat sie auch noch auf dem Präsentierteller herumgetragen und heraushängen lassen wie die Bäuerin ihre Balkonblumen. Und wenn sie sich über die Wurstbudel drüben in unserer Fleischhauerei drübergebeugt hat, da haben die Männer was zu sehen gekriegt. Wahrscheinlich sind viele nur wegen der Nadine Jause kaufen gekommen. Und dann haben sie sich genau die Sulz in die Semmel tun lassen, die ganz vorne gelegen ist, damit sich die Nadine weit vorbeugen muss. Sulz in die Semmel! Ich bitt Sie! Und der Ferdi, der Trottel, ist hinter ihr gestanden und hat ihr auf den Arsch geglotzt. Was? Ich bin auch noch sehr attraktiv? Ich kann mir auch ein Dekolleté leisten? Danke für die Blumen. Ich hab's aber nicht nötig, mich so an die Männer hinzuschmeißen, wirklich nicht.

„Yes? No, the soup is Ingwer and carrot. If it is vegan? Vegetarian, yes, vegan, no. It is cream in the soup. Obers. Uppers cream. Sahne! Cream from cow. Moo! Yes. Taste much better! Sorry. Vegan is only the bread. Best bread in the world!"

Blöde Kuh. Vegan. Werden schon sehen, wo sie damit enden. Ich sag Ihnen, ohne Obers können Sie so ein Supperl vergessen. Schmeckt ja praktisch nach gar nichts. Ob Bio-Karotte oder nicht. Ja. Und da ruf ich nach hinten, damals, in der Fleischhauerei. Die Nadine nicht da. Der Ferdi auch nicht. Ist mir schon komisch vorgekommen. Ruf ich also nach hinten, dass wer kommen soll, weil wir mehr Bedienung brauchen. Kommt niemand. Und ich, eh schon einen Zorn, geh kurz nach hinten, da hör ich was aus dem Aufenthaltsraum. Haben wir extra einrichten müssen, da sind sie monatelang darauf herumgeritten, zuerst Gewerkschaft, dann Arbeitsinspektorat. Ich frag Sie, wozu? Die sollen hinter der Budel stehen und arbeiten, und wenn sie fertig sind, sollen sie heimgehen. Fressen eh genug, was sie nicht bezahlen. Besonders die Nadine, mit ihrem fetten Hintern.

Und da hör ich dann so komische Geräusche, drück die Türschnalle runter, ist zugesperrt. Aber eindeutig wer drin, ich hör doch die Geräusche! Da schnauft und ächzt wer. Schau ich durch das Schlüsselloch. Und was seh ich? Dem Ferdi seinen Hintern, der sich heftig bewegt. Über der Nadine, der ihr Arsch ist nämlich so breit gewesen, dass er links und rechts hinterm Ferdi seinem herausgeschaut hat. Ich hab an die Tür getrommelt, und dass ich sie eintret, hab ich geschrien.

Von vorn ist schon das Personal gelaufen gekommen. „Was ist denn, Frau Chef?", hat die Christine gefragt. Die hat der Ferdi natürlich nicht angeschaut, denn die ist dünn wie ein Stecken und hat vorn und hinten nichts. Dafür frisst sie uns auch nicht arm. Dass sie sich schleichen soll, hab ich ihr gesagt. Und in dem Moment ist die Tür aufgegangen. Natürlich sind sie beide wieder angezogen gewesen, aber die Gesichter ganz rot, verschwitzt. Der Ferdi hat an seinem Krawattenknoten herumgenestelt und ganz belämmert dreingeschaut.

Männer können ja so schlecht lügen! Beim Ferdi, da brauch ich ja gar nicht hinschauen, der muss nur den Mund aufmachen, wenn er heimkommt, da merk ich schon, ob er die Wahrheit sagt oder ob er lügt. Und wenn er sagt, er hat noch gearbeitet, dann war er im Puff. Weil dass er im Wirtshaus war, das gibt er ja normalerweise zu. Gut, aber das brauch ich mir jetzt alles nicht mehr anhören.

Und die Nadine, die hat gegrinst! Gegrinst! Da ist mir, wie man sprichwörtlich so sagt, eh schon das Geimpfte aufgegangen! Na ja, das Grinsen, das ist ihr ja bald danach gründlich vergangen.

„Noch was Süßes, Herr Hofrat? Einen Heidelbeer-schaum hätt ich, in hausgemachtem Windgebäck serviert. Oder eine Crème brûlée. Bei der Kälte, da wird einem wenigstens warm? Nehmen wir eine Crème? Ja, das ist kein so ein Matsch wie die vom Supermarkt!"

Ja, und am Samstagnachmittag haben wir gemeinsam Dienst gemacht. Haufenweise Touristen, ganze Busladungen voll. Die haben sich's aber ohnehin nicht auf unsere Würstel gestanden, die wollten Hot Dogs und Hamburger. Die hat ihnen aber nicht einmal der Ferdi verkaufen wollen. Haben sie halt die batzweichen Wurstweckerl nehmen müssen, die wir immer in Folie einschweißen, damit sie länger halten. Weil die Japaner, denen kannst du ja nicht einmal einen erstklassigen Leberkäse verkaufen, da schauen sie gleich ganz entsetzt, wenn ich ihnen einen anbiete. Genau wie die Amerikaner. Sagt einmal einer zu mir, looks like spam. Dabei sind doch Spam die ganzen E-Mails, die man nicht will. Ich hab gar nicht gewusst, was der gemeint hat. Eine Frechheit war's jedenfalls.

Ja, und da hab ich dem Ferdi genau erklärt, wie ich jetzt den Würstelstand von Grund auf umkrempeln werd. Und wenn ihm das nicht passt, hab ich gesagt, dann geh ich zum Scheidungsrichter. Und dass er von mir aus dann sein Würstel jeden Tag in die Nadine schieben kann, das hab ich ihm auch gesagt. Wenn sie ihn überhaupt will. Und dass die Hälfte von allem mir gehört, das hat der Ferdi natürlich gewusst.

Aber es war das Gleiche wie immer, man kann ja mit ihm nicht reden. Ich mein, witzig fast, jetzt kann man mit ihm natürlich überhaupt nicht mehr reden, aber auch damals, ich rede und rede, und er brummt nur herum. Reißt sich eine Bierdose auf. Spült mit einem Schnaps nach. Und dann verschwindet er einfach, er muss noch ein Spanferkel herrichten. Hat einer von seinen Spezln bei ihm bestellt, für eine Geburtstagsfeier. Verschwindet er also einfach. Na ja, da hab ich natürlich gewusst, jetzt muss etwas geschehen. Ich hab dem Mohammed und der Sophie gesagt, dass ich auch früher gehen muss, und dann bin ich dem Ferdi nach ins Kühlhaus.

Ich sag Ihnen, was Besseres als eine Fleischhauerei finden Sie nicht, wenn Sie einmal jemand verschwinden lassen wollen. Blut ist sowieso überall, und die beste Ausrüstung zum Reinigen, die Sie sich nur vorstellen können. Hochdruckreiniger. Was weiß ich, wie viel Bar. Viele jedenfalls. Und erst das ganze Werkzeug, Knochensäge und alles, elektrisch. Diese ganzen Geschichten, wo eine ihren Ehemann zerschnetzelt, in der Wohnung, mit Badewanne und Holzhacke, das ist ja amateurhaft, dilettantisch direkt.

Zu meinem Glück hat der Ferdi die Kopfhörer aufgehabt, von dem Mp3-Player, den er sich erst kürzlich gekauft hat. Was für einen Musikgeschmack der Ferdi hat, das ist ja zum Schreien. Ich hab sogar gehört, dass er die Kastelruther Spatzen gehorcht hat, so laut hat er aufgedreht gehabt. Ja, bei den Zeltfesten, beim Heurigen, da war der Ferdi immer dabei. An den Bierzelttischen, wo man sich nicht einmal anlehnen kann. Alles voller primitiver Säufer, die sich bis zur Besinnungslosigkeit betrinken und dann auch noch gnadenlos diese grauenhaften Schlager mitgrölen. Aber dass er vielleicht mit mir einmal in die Oper geht, oder wenigstens in eine Operette, das war dem Herrn Ferdi natürlich eine viel zu große Anstrengung. Nicht einmal ein Haubenlokal haben wir von innen gesehen, in den letzten zwanzig Jahren. Wo das ja praktisch Fortbildung gewesen wäre.

Wir haben eigentlich überhaupt nicht mehr zusammengepasst. Wie es halt so kommt, nach dreißig Ehejahren. Man entwickelt sich einfach weiter, ich jedenfalls. Der Ferdi leider nicht, der ist irgendwie in der Pubertät stecken geblieben. Und es ist ja nicht so, dass ich auf den Ferdi angewiesen gewesen wäre. Der Herr Hofrat vom Innenministerium zum Beispiel, der kommt jeden Tag, und er schaut immer so, auf eine gewisse Weise, und macht mir Komplimente. Ich mein, wenn ich mich schon, Sie wissen schon, also wenn es schon sein muss, dann lass ich mich doch lieber von dem Hofrat, der hat wenigstens Umgangsformen. Er hat mir sogar schon Blumen gebracht, zu meinem Geburtstag. Und er macht mir auch so verliebte Kuhaugen. Und jetzt, wo der Ferdi nicht mehr im Weg ist, ist es ja nicht ausgeschlossen, dass ich ihn einmal erhör. Aber ich fürcht fast, dem muss man auch erst erklären, wohin er einen ausführen soll.

Und ich steh da also hinter dem Ferdi, er hört mich eh nicht, wegen dem Kopfhörer, und außerdem hat er an dem Spanferkel herumgehackt. Seh ich neben mir einen Karton stehen, mit den Schieferplatten drin, die ich schon gekauft hab. Und ohne dass ich viel überleg, pack ich eine davon und hau sie ihm, mit der Kante voran, von hinten auf den Schädel. Irgendwie komisch geknackt hat es, die Trümmer von der Platte sind auf den Boden geflogen und der Ferdi gleich hinterher. Keinen Muckser hat er mehr von sich gegeben. Sein Messer, das ist noch im Spanferkel drinnengesteckt. Nur mehr die Kastelruther Spatzen hat man gehört. „Herzschlag für Herzschlag denk ich an dich!" Beim Ferdi war es jetzt aber natürlich vorbei mit dem Herzschlag. Da kenn ich mich aus. Ich stamm schließlich von einer Fleischhauerei, das ist für mich eine Kleinigkeit, da hab ich keine Hemmungen. Ich hab schon ein paar hundert Säue sterben sehen, von den Rindviechern ganz zu schweigen.

Das Spanferkel, das hab ich gleich wieder aufgehängt. Das Mühsamste war dann, dass ich den Ferdi auf den Arbeitstisch hinaufbringen hab müssen. Zeit hab ich ja gehabt, am Samstagnachmittag arbeitet eh keiner im Kühlhaus. Will keiner arbeiten, außer uns. Das muss man dem Ferdi lassen, Samstag, Sonntag, Feiertag, da hat er immer gearbeitet, wie ich. Da lass ich nichts über ihn kommen. War ja auch sein Geschäft. Wenn einer Mercedes fahren will, dann muss er natürlich auch dafür arbeiten. Und jetzt rede ich nicht von der C-Klasse, das kann sich ja heute schon jeder Beamte leisten.

Das mit dem Ferdi, das ist dann ruckzuck gegangen. Ich hab ja schließlich oft genug beim Schweinezerteilen mitgeholfen. Zuerst das Gewand weg, gut, das ist normal nicht, denn die Säue, die sind ja nicht angezogen. Ein paar Schnitte, und schon ist der Ferdi nackert dagelegen. Und dann zackzack, die Knochensäge. Ein bissl mehr Blut hat's schon gegeben wie sonst, weil ich den Ferdi halt vorher nicht hab ausbluten lassen. Aber mit dem Hochdruckreiniger, da ist das ratzfatz wieder weg, von den weißen Fliesen, da soll mir einmal ein Kriminaler daherkommen und die Hautfetzen und das Blut vom Ferdi auseinanderhalten von dem von den paar hundert Säuen und Jungstieren. Aus Holland hat er sie gekauft, der Ferdi, der Trottel. Wenn du so ein holländisches Schweinskotelett um drei neunundneunzig das Kilo beim Diskonter kaufst, dann darfst du dich nicht wundern, wenn es in der Pfanne fast verdampft und du dann ein steinhartes Furunkel auf dem Teller hast. Und dann schreiben sie auch immer noch „per Kilo", wo das doch „über" heißt. Richtig muss es heißen „pro Kilo", für das Kilo. Das hat die Nadine auch nicht kapiert. Wir selber haben dieses Zeug ja nicht gegessen, das kannst du höchstens in eine Wurst hineintun, hat sogar der Ferdi gesagt. Immerhin.

Und dann sauber vakuumiert, und hinein in die Tiefkühltruhe. Die steht bei mir im Keller, da kommt mir sonst eh keiner hin. Da liegt er jetzt drin, der Ferdi. Eigentlich hätt ich mir ja gedacht, dass ich ihn zu seinen geliebten Würsteln hineintu, ins Brät, aber das hab ich dann doch bleiben lassen. Wer weiß, vielleicht hätt es doch jemand geschmeckt. Und wir haben schließlich einen Ruf zu verlieren.

Blöd war nur, dass dann nachher die Nadine aufgetaucht ist. Aber die ist an diesem Samstagnachmittag sicher nicht zum Arbeiten gekommen. Das war halt ihr Pech. Womöglich wollten sie's mitten unter den Schweinehälften miteinander treiben, die perversen Säue.

Da war der Ferdi zwar schon vakuumiert, aber sie hat's gesehen, dass er es war, der in den Plastikbeuteln drin war. War ja schließlich der Kopf auch dabei. Sein Schweinskopf. Ich sag Ihnen, wer kauft heute noch eine Schweinskopfsulz? Dabei ist das das Beste, was der Sauschädel hergibt. Da brauchst du nicht einmal Gelatine, alles ganz natürlich. Es dauert halt, du musst dir Zeit lassen und sorgfältig arbeiten. Ich mach's selber immer zu Silvester. War bei uns daheim Tradition. Nur mit dem Mohammed, da ist das immer so ein Theater, der will mir die Sauschädelsulz nicht herrichten. Der macht sich ja schon fast in die Hose, wenn er ein Schweinswürstel nur angreifen muss. Ich sag Ihnen, das ist wirklich ein Zirkus, wenn der was herrichten soll, das vielleicht einmal einer Sau ähnlich geschaut hat. Aber der Mohammed, der ist erstens ein erstklassiger Arbeiter, fragt nicht dauernd wegen dem Geld für die Überstunden, und so, und zweitens, unter uns, hat er noch ganz andere Qualitäten. Da ist mir der Ferdi dagegen direkt dürftig vorgekommen, wie er so nackert dagelegen ist, vor dem Zerteilen.

Aber da kommt jetzt diese depperte Nadine. Fängt zu schreien an, dass man sich fragt, woher sie die viele Luft nimmt. Weil zum Einatmen, glaube ich, hat sie gar nicht einmal mehr Zeit gehabt, so hat sie geschrien. Und zu ihrem Pech hat sie auch nicht daran gedacht wegzulaufen oder irgendein Werkzeug in die Hand zu nehmen.

Fast hätte ich dann in der Kühltruhe keinen Platz mehr gehabt. Der Ferdi, der hat ja nicht einmal die Hälfte gebraucht. Aber die Nadine, mit ihrem fetten Arsch, da wäre der Deckel bald nicht mehr zugegangen.

Tatjana tanzt

Aussage Gamsjäger Sabine:

Wir haben ja die Gamsjaga-Alm. Die gehört schon seit Generationen der Familie, und jetzt steh halt ich in der Küche. Ich mach's nicht ungern, das Kochen. Wissen Sie, ich mach sogar die Gulaschsuppe selber. Bei den anderen Almen, da müssen Sie einmal schauen! Wie viele Zehnliterkübel aus der Konservenfabrik die da jeden Tag mit dem Skidoo hinaufbringen! Aber bei mir nicht!

Im Winter komme ich leicht zurecht, vor zehn, halb elf ist kaum etwas los, da fahr ich erst herauf, wenn die Kinder schon in der Schule sind. Und um fünf, da sperre ich zu, da gibt's bei mir nix. Die Sitzenbleiber, die nach dem Skifahren ein Weißbier ums andere haben müssen, weil sie ja beim Skifahren so viele Kalorien verbrannt haben, die haben bei mir nichts verloren. Aber die wissen das eigentlich schon, die kommen gar nicht mehr zu uns.

Aber das ist eben vor ein paar Wochen zu einem richtigen Problem geworden, das „uns". Weil sie da oben, am Gipfel, die Sexy-Kogel-Hütte aufgemacht haben. Ja, den blöden Namen hab ich nicht erfunden. Aber der Name allein ist noch nicht das Schlimmste. Sie wissen es ja schon, aber normal glaubt einem das ja keiner, dass bei uns herinnen in Gosau einer auf so eine dämliche Idee kommt. Da turnen die Tänzerinnen in der Unterwäsche – und was für einer! – auf den Dachbalken herum, und wenn das Wetter schön ist, dann hüpfen sie den Familien, die da auf der Terrasse ihre Pommes Frites in sich hineinstopfen, da hüpfen sie denen praktisch halbnackt ins Gesicht und auf den Tisch hinauf.

Dass ihr das erlaubt, das versteh ich sowieso nicht. Sind ja alles aus dem Osten hereingeschmuggelte Mädels. Und ihr sitzt faul in eurem Streifenwagen herum und tut nichts, weil ihr da ja mit dem Schilift hinauffahren müsstet, und dann womöglich sogar noch mit den Skiern hinunter. Wenn ihr einen Skidoo hättet, so wie die Wirte, und öfters nachschauen kommen würdet, dann wär das alles nicht passiert!

Weil der Helmut, der ist dann immer öfter einmal am Nachmittag weg gewesen. „Ist eh nicht viel los!", hat er gesagt. „Ich geh dann einmal eine Runde Skifahren." Dabei ist er früher gar nicht so heiß aufs Skifahren gewesen. Er ist viel lieber mit seinen Spezln am Stammtisch gesessen. Ach Gott! Ich sag's ja! Wenn der Wirt selber sein bester Kunde ist, dann geht's bergab mit einem Gasthaus. Und mit einer Skihütte sowieso.

Bis vor ein paar Wochen, da hat er wenigstens noch brav gearbeitet, er kann alles reparieren, sogar das Klo. Aber dann, die Sexy-Kogel-Hütte. Und die Tatjana. Aus der Ukraine, oder aus Moldawien, was weiß ich, wo die die ganzen Weiber herkriegen. Und denen, das möchte ich ganz klar sagen, denen gebe ich keine Schuld. Die können einem leidtun, die armen Teufel! Eine ist ja einmal zu mir heruntergekommen, mit so Stiefeletten mit hohen Absätzen, ich hab keine Ahnung, wie die durch den Schnee überhaupt durchgekommen ist. Ob ich sie als Kellnerin brauchen kann, hat sie gefragt. So eine ganz Dünne, Blonde, mit tiefen Ringen unter den Augen. Weil in Sexy-Kogel-Hütte, hat sie gesagt, gefällt es ihr nicht. Sie hat sogar zu weinen angefangen.

Sie hat mir ja wirklich leidgetan, aber sie hat leider nicht Deutsch gekonnt. Und keine Papiere gehabt, und natürlich auch keine Ausbildung. Da hab ich nichts für sie tun können, aber ihr hättet euch darum kümmern müssen! Warum ich keine Anzeige erstattet habe? Ja, ihr seid gut! Wen soll ich denn anzeigen? Und warum? Bloß weil eine magere Ukrainerin bei mir auftaucht? Und wenn, dann hättet ihr eh bloß das Mädel abgeschoben.

Natürlich ist mir dann schnell klar geworden, warum der Helmut immer wieder einmal ein paar Stunden weg ist. Von wegen Skifahren! In die Sexy-Kogel-Hütte ist er natürlich! Weil ihm da die Tänzerinnen ihren Busen vom Dachbalken herunter ins Gesicht haben hängen lassen! Was, das glauben Sie nicht? Dann schauen Sie sich halt die Fotos im Internet an, von der Hütte. Da brauchen Sie dann nichts mehr zu glauben, dann wissen Sie alles. Und ich bin ja nicht taub, und Gosau ist klein. Natürlich hab ich das alles recht bald erfahren, dass dem Helmut wegen der Tatjana fast die Augen aus dem Kopf fallen.

Aussage Nachenko Tatjana (in Übersetzung):
Also, angestellt worden bin ich als Kellnerin. Das mit dem Tanzen war, in meinem Fall zumindest, freiwillig. Der Chef hat mir gesagt, wenn du tanzt, kriegst du fünf Euro mehr in der Stunde. Und wenn du in die Dachbalken kletterst, sieben Euro. Und er hat mir das Kostüm hingehalten, schwarz und rot. Sehr wenig Stoff.

Erstens kann ich sowohl tanzen als auch klettern, und zweitens bin ich nicht schüchtern. Ich hab ihm sogar den Vorschlag gemacht, dass ich für noch einmal fünf Euro ein bisschen mehr ausziehe. Da hat er blöd gegrinst und gesagt, das kann ich gern bei ihm in seinem Zimmer tun. Er ist schon ein widerlicher Kerl, das muss man sagen. Er hat nämlich auch die anderen Mädchen dazu gezwungen, dass sie tanzen, im Krankenschwesternkostüm und in Ledersachen und so. Nicht alle haben das gewollt, aber er hat ihnen einfach die Pässe abgenommen, und so weiter. Sie kennen das ja. Sie hab ich übrigens nie oben gesehen, zumindest nicht in Uniform. Wird da überhaupt nie kontrolliert, ob alle ihre Papiere haben?

Wir haben viele Stammkunden, die immer wieder schauen kommen. Besonders beliebt ist es, wenn ich auf den Dachbalken herumturne. Da glotzen sie dann zu mir herauf und bringen den Mund gar nicht mehr zu. Und wenn der Chef sie fragt, ob sie noch ein Weißbier wollen, dann nicken sie nur, weil sie ihm gar nicht zuhören. Nur der Loisl hat dann angefangen, ein bisschen lästig zu werden. Der Alois Gesselbauer, genau der. Ja, der auf dem Foto da, der war es. Dauernd hat er mich gefragt, ob er mich einladen darf. Und ob ich mit ihm Skifahren gehe, oder in die Sauna. Ich kann überhaupt nicht Skifahren, und in die Sauna gehe ich schon gar nicht. Das ist mir zu unanständig, alle nackt. Und noch dazu so schwitzen. Das ist nichts für mich.

Leider hat er dann auch meine Telefonnummer herausgefunden, und dann ist es losgegangen, mit den SMS, und mit den Nachrichten auf WhatsApp. Sie haben ja mein Handy untersucht, da ist alles drauf. Sogar Fotos von seinem, von seinem ... Ding ... hat er mir geschickt. Sie wissen das ja alles. Warum ich nicht zur Polizei gegangen bin? Was glauben Sie? Ukrainerin, kann nur ein paar Worte Deutsch, keine gültigen Papiere. Hätten Sie mir geglaubt? Na eben.

Na, und dann noch der andere, der Helmut. Der war irgendwie süß. Ich hab natürlich nicht gewusst, dass er verheiratet war. Aber er hat den Loisl immer ein bisschen zurückgehalten, ist mir vorgekommen. Irgendwie hat der mich beschützen wollen, vor dem Loisl. Ich glaub, der Helmut war ein bisschen verliebt in mich, aber er hat mich in Ruhe gelassen. Nur Komplimente hat er mir schon gemacht. Dass ich so sportlich bin, hat ihm imponiert. Und dass ich in seiner Alm auch arbeiten könnte, hat er mir angeboten. Aber nicht ganz im Ernst, glaube ich. Sportlich war ich schon immer, deswegen auch das Turnen in den Dachbalken, das kann nur ich so gut. Die anderen trauen sich da gar nicht hinauf. Bei uns in Novograd, da war ich Bezirksmeisterin im Bodenturnen. Und im Trampolinspringen. Aber bis zu den Olympischen Spielen hab ich's eben doch nicht geschafft, und irgendwann gibst du dann auf.

Einmal ist mir der Loisl dann sogar nachgelaufen, nach Feierabend. Meistens habe ich ja oben übernachtet, aber das kannst du nicht die ganze Woche machen, da fällt dir die Decke auf den Kopf. Manchmal also bin ich hinuntergefahren, wenn der Lift noch gefahren ist, weil ich ja nicht Skifahren kann. Da ist mir der Loisl dann nach und hat mir gesagt, dass er mich huckepack nach unten bringen kann, mit den Skiern. Dass das für ihn eine Kleinigkeit ist, hat er geprahlt. Aber ich hab nur den Kopf geschüttelt und mich durch den Schnee zum Lift geplagt. Ganz außer Atem ist er mir nach, angefleht hat er mich. Ob wir vielleicht dann wenigstens unten noch zusammen fortgehen. Nein, Loisl, habe ich gesagt, ich bin so müde. Und ihn gebeten, dass er mich in Ruhe lassen soll. Er kann mir ja morgen wieder beim Tanzen zuschauen, hab ich gesagt, das muss ihm genügen. Fast hysterisch ist er dann geworden, der Loisl, hat seine Skier hingeschmissen und zu schreien angefangen. Ob er nicht gut genug ist, für eine ukrainische Schlampe, und so.

Aber da ist eben der Helmut dahergekommen und hat ihn gleich ziemlich grob in den Schnee gestoßen. Was er sich denn einbildet, und er soll mich gefälligst in Ruhe lassen. Dass ich auch einen Respekt verdiene, hat er gesagt. Darüber habe ich mich schon ziemlich gefreut, bin aber gleich in den Lift gestiegen und hinuntergefahren, mit dem Helmut habe ich gar nicht mehr geredet. Der Liftwart, der Trottel, hat mir noch an den Hintern gegriffen, bevor ich in den Sessel gestiegen bin. Der ist auch so einer, der glaubt, man kann sich alles erlauben, mit einer ausländischen Tänzerin.

Aussage Gamsjäger Sabine:

Natürlich habe ich bald gewusst, dass der Helmut mit dieser Ukrainerin etwas laufen hat. Als Frau merkst du so was, da brauchst du keine Beweise. Da schaust du höchstens ein paarmal die Hosentaschen durch, sind ja so schlampig, die Männer. Nicht einmal, wenn sie eine Hose in die Wäschetonne schmeißen, räumen sie vorher die Taschen aus. Und da findest du dann Kassenbelege von der Sexy-Kogel-Hütte. Für Sachen, die der Helmut nie im Leben trinkt. Einen Champagner, und alle möglichen Mixgetränke! Wo der doch ausschließlich Bier trinkt. Vielleicht einmal ein Weißbier, zwischendurch.

Und dann noch: Er bleibt über Nacht auf der Gamsjaga-Hütte, weil er die Dachrinne reparieren muss. Das kannst du doch am Tag auch tun, hab ich ihm gesagt. Und dann das Herumgerede, warum er das ausgerechnet so spät am Abend oder so bald in der Früh tun will, dass er oben übernachten muss. An dem Abend hab ich mir schon überlegt, ob ich mit den Kindern zu den Eltern geh. Die Gamsjaga-Alm hat nämlich meinen Eltern gehört, und von Rechts wegen gehört sie jetzt mir. Da hätte ich den Helmut glatt hinausschmeißen können, aus meinem Geschäft. Aber ich habe mir gesagt, da wartest du noch. Ein ganz kleines bisschen, irgendwo im Hinterkopf, habe ich halt doch noch daran glauben wollen, dass der Helmut nur wegen der Dachrinne oben geblieben ist.

Aber diese Illusion ist natürlich wenig später zerplatzt, wie ich die schwarzen Haare auf dem Kopfpolster gefunden habe. Ich putze nämlich sorgfältig, und von mir bleiben erstens keine Haare zurück, wenn ich ein Zimmer sauber mache, und außerdem – Sie sehen es ja selbst. Wo sollte denn bei mir ein schwarzes Haar herkommen? Dass der Helmut, ich meine, dass er sich überhaupt nicht schämt, dass er unser Zimmer dafür benutzt, dass er mit dieser Tatjana ... Sie merken schon, wie mich das immer noch aufregt. Wie wütend mich das macht, dass er mich so hintergangen hat. Wer weiß, was er dieser Tatjana für Versprechungen gemacht hat, man kennt das ja, was Männer alles daherreden, wenn sie eine Frau herumkriegen möchten. Was glauben Sie denn? Mir ist es ja auch nicht anders ergangen, ich hab Stammgäste, die mir am liebsten unter den Rock kriechen würden! Das Blaue vom Himmel herunter versprechen sie einem, aber halten können sie nicht einmal das, was sie in der Unterhose verstecken. Ist ja wahr. Ihr denkt doch keinen Millimeter weiter als bis zu eurem Hosentürl, wenn euch eine schöne Augen macht. Noch dazu vom Dachbalken herunter, und nur mit einem Schnürl durch den Hintern!

Von dem Moment an, wo ich das Haar als Beweis in der Tasche hatte, habe ich begonnen, mir ganz konkret zu überlegen, was ich mit dem Helmut mache. Spätestens dann, wenn er wieder einmal oben übernachten muss, weil er, beispielsweise, die Klospülung ganz bald in der Früh reparieren muss.

Aussage Nachenko Tatjana:

Ja, es stimmt, ich bin mit dem Helmut in seiner Hütte gewesen, über Nacht. Da hab ich aber noch nicht gewusst, dass er verheiratet ist und dass er die Gamsjaga-Hütte mit seiner Frau betreibt. Natürlich, irgendjemand hätte es mir erzählen können. Sogar sollen. Aber wen kenne ich schon hier? Der Loisl, jedenfalls, der hat's mir nicht erzählt. Obwohl gerade er jeden Grund dazu gehabt hätte.

Der Helmut hat mich mit dem Skidoo abgeholt und mir seine Hütte gezeigt. Er hat nicht viel reden müssen, und als er mir eines der Fremdenzimmer gezeigt hat, da sind wir uns praktisch in die Arme gefallen. Ich weiß nicht, ob ich da jetzt in Einzelheiten darüber reden muss, weil es ja sowieso zu spät ist ... Sie wollen Einzelheiten hören? Warum eigentlich? Ja, wir haben miteinander geschlafen. Mehr werden Sie nicht aus mir herausbekommen, und es hat ja auch mit dem Verbrechen nichts zu tun. Wir wollten es beide, zu dem Zeitpunkt. Ich glaube, ich hätte es auch getan, wenn ich gewusst hätte, dass er verheiratet ist. In meiner Situation kann man nicht wählerisch sein, und wenn er sich von seiner Frau getrennt und mich geheiratet hätte ...

Ja, ich kann auch nichts dafür, dass ich da weinen muss, Sie haben leicht reden, aber ich nicht. Für mich ist das alles ganz furchtbar, zuerst ... und dann sperren Sie mich auch noch ein und verhören mich! Wo ich doch überhaupt nichts getan habe, das müssen Sie doch ganz leicht herauskriegen, wenn ich nichts getan habe, dann kann es auch keine Beweise gegen mich geben! Und die Sabine, seine Frau, die hat ja alles gesehen! Die könnte Ihnen doch sagen, dass ich gar nichts getan habe! Aber klar, dass die mich anschwärzt, was sollte sie sonst tun.

Dann, danach, hat der Helmut gesagt, dass er vorsichtig sein muss. Wegen der Leute. Aber dass er es nächste Woche sicher noch einmal einrichten kann, dass ich zu ihm in die Hütte komme. Sie glauben mir nicht, dass ich nichts von seiner Frau gewusst habe? Dann glauben Sie es eben nicht, kann ich auch nichts machen. Wir Frauen sind halt manchmal einfach naiv. Und wenn Sie so gelebt hätten wie ich in der Ukraine, das kann ich Ihnen sagen, dann würden Sie auch sehr gerne daran glauben, dass im Leben alles noch einmal besser werden kann.

Ja, natürlich muss ich ständig heulen! Weil entweder sperrt ihr mich ein, oder ihr schickt mich zurück! Das ist eigentlich fast das Gleiche, Herr Inspektor. Kommen Sie einmal zu uns, nach Novograd, dann werden Sie schon sehen, wie wir leben müssen!

Ein paar Tage später, oder eine Woche, wollte er wieder über Nacht oben bleiben. Weil ein paar Freunde noch kommen, hat er gesagt, und er macht ihnen Kasnocken. Und sie wollen Karten spielen. Und dass ich dann den ganzen Vormittag unten bleiben kann, weil er den Dienst am nächsten Vormittag alleine übernimmt. Ich habe ihn nicht einmal gefragt, welche Freunde das sind, weil ich sowieso gewusst habe, dass er lügt.

Kurz und gut, ich bin dann, als die Kinder im Bett waren, mit den Tourenskiern hinauf, weil ich ihn mit der Tatjana in flagranti erwischen wollte. Dann hätte er nämlich nichts bekommen von der Gamsjaga-Alm, nicht einmal einen Klobesen.

Ich hab ja eine gute Kondition, die Küchenarbeit hält fit, und so war ich in einer knappen Stunde oben. Die Stirnlampe habe ich lange vor der Alm abgeschaltet, dass mich niemand sieht. Wäre aber egal gewesen, praktisch jeden Abend rennen da ein paar mit den Stirnlampen am Helm hinauf. Obwohl es verboten ist, wegen der Pistengeräte, die in der Nacht präparieren.

Und ich bin noch nicht einmal nahe an der Hütte dran, da höre ich ein seltsames Geräusch, so ein Kratzen, ein Scheuern. Oben, im Schlafzimmer, hat natürlich Licht gebrannt. Da habe ich natürlich gewusst, Karten gespielt wird da nicht. Höchstens vielleicht Strip-Poker. Aber woher das Kratzen? Ich habe mich langsam angeschlichen, und da habe ich einen Schatten gesehen. Da hat einer versucht, auf den Balkon hinaufzuklettern. Er ist schon am Balkongeländer gehängt, wie ich ihn genauer gesehen habe. Da habe ich mich natürlich noch gefragt, wer das ist.

Aber alles ist dann so wahnsinnig schnell gegangen, der war schon oben auf dem Balkon, und die beiden drinnen, die müssen ihn gehört oder gesehen haben. Plötzlich geht die Balkontür auf, die Tatjana kommt heraus, nur in der Unterwäsche, mit nacktem Oberkörper, und geht dem an die Gurgel, und fängt zu schimpfen an. Rechts und links hat sie dem Kerl ein paar feste Ohrfeigen heruntergehaut und ihn gegen das Geländer gedrückt, und auf Russisch geschimpft, oder, von mir aus, auf Ukrainisch, was weiß denn ich, was die dort sprechen. Und bevor ich überhaupt noch Luft holen kann, kommt der Helmut auch auf den Balkon, und im gleichen Moment plumpst der Loisl herunter. Und ich höre etwas knacksen. Weil der Loisl nicht in den Schnee gefallen ist, sondern genau auf die Bindung von den Skiern vom Helmut, die dort im Schnee gelegen sind. Gerührt hat sich der Loisl dann nicht mehr. Oben zieht der Helmut das Mädel wieder ins Zimmer und macht die Tür zu, aber die hat zuerst überhaupt nicht mehr aufgehört zu kreischen. Erst nach zehn Minuten, oder so, war es endlich ruhig. Dann habe ich von oben gar keine Geräusche mehr gehört, ich war ja auch zu weit weg.

Der Loisl hat sich nicht gerührt. Ich bin vorsichtig zu ihm hin, da habe ich gleich den großen Blutfleck gesehen. Und die zwei da oben, das müssen Sie sich vorstellen, die haben einfach weitergemacht! Als ob nichts geschehen wäre!

Aber dann hab ich mir gedacht, du Luder, dich erwische ich schon noch. Den Loisl, den hast du schon umgebracht, den Helmut bringst du mir nicht auch noch um! Ich habe mir aufgesperrt, und sicherheitshalber ein Messer aus der Küche mit hinaufgenommen. Man weiß ja nie, mit so einer Mörderin. Und dann bin ich nach oben geschlichen, ganz leise, und da habe ich schon Geräusche gehört. Er hat mit ihr geredet, sie beruhigt. Dem wird schon nichts passiert sein, ist ja der weiche Schnee unten, die paar Watschen, sagt er, hat er sich verdient. Und sie immer, in ihrem ganz schlechten Deutsch, ob Loisl wirklich OK? Ob nicht tot? Vielleicht brauchen Doktor? Und er wieder, aber nein! Und schließlich hat er sie herumgekriegt, der Saubeutel, der miserable.

Bald habe ich sie nur mehr stöhnen und keuchen gehört. Da hab ich durchs Schlüsselloch geschaut. Nur um zu sehen, ob der Schlüssel drinnen steckt. Ist aber nicht gesteckt, und gesehen habe ich auch nichts, nur den Helmut grunzen gehört. In diesem Moment hab ich nicht mehr klar denken können, irgendwas ist da in mir zerrissen. Ich hab die Tür aufgestoßen und sie angeschrien. Sie hat auch geschrien, wie am Spieß. Er ist auf ihr gelegen, ich mag es gar nicht genauer beschreiben, was er da gemacht hat. Wie, Sie wollen Einzelheiten hören? Wozu denn? Ob es zum Vollzug gekommen ist? Was soll denn das heißen?

Ich habe geschrien, dass ich mich jetzt scheiden lasse, und dass er keinen Groschen kriegt, und die Kinder nie wieder sieht. Und sie hat ein Mordstheater gemacht, wegen dem Messer, dabei habe ich das doch nur zur Sicherheit dabeigehabt. Der Helmut ist aufgestanden, auf mich zugekommen, noch mit seinem, mit seinem. Und er schreit mich an, was ich da will, und er will mich festhalten, sehen Sie, so, so will er mich festhalten, und ich denke mir, jetzt ist alles aus, weil er mir das Messer wegnehmen und mich abstechen wird, er ist ja so viel stärker als ich. Und plötzlich liegt er da zu meinen Füßen, und überall ist Blut, und die hysterische Kuh schreit, springt auf, und reißt die Balkontür auf und springt hinunter. Herr Inspektor, ich kann da überhaupt nichts dafür, das müssen Sie mir glauben.

Aussage Nachenko Tatjana:
Und am Dienstag danach hat mich der Helmut wieder in die Gamsjaga-Hütte mitgenommen. Wir sind diesmal gleich in sein Schlafzimmer, aber wie wir, also, ich hatte

mich, ich war also im Bett, und der Helmut wollte gerade zu mir kommen, da hat draußen am Balkon etwas geknarrt, und ich habe auch einen Schatten vorüberhuschen sehen. Der Helmut stößt einen Schrei aus und reißt die Balkontür auf. Was er angehabt hat? Die Hose nur, kein Hemd. Und draußen höre ich noch jemanden schreien, und ein paar Ohrfeigen klatschen, und dann einen Plumps, und dann war es still.

Der Helmut ist wieder hereingekommen und hat die Balkontür verriegelt. So, hat er gesagt, dem hab ich's aber jetzt gezeigt. Ich hab geschrien, was war denn, wer war das? Leider alles auf Ukrainisch, in der Aufregung, der Helmut hat natürlich nichts verstanden. Der Loisl, hat er dann gesagt. Der Loisl, draußen. Ob der Loisl tot ist, ob er ihn totgeschlagen hat, wollte ich wissen. Nicht tot, hat mich der Helmut beruhigt, draußen liegt Schnee, der ist weich. Aber jetzt wird Ruhe sein, hat er gemeint, und ist zu mir ins Bett gekommen.

Ich habe überhaupt keine Lust mehr gehabt, wegen der Aufregung, und ich hatte immer noch Angst vor dem Loisl. Vielleicht war er schon wieder auf dem Balkon und schaute uns zu? Aber der Helmut war sehr nett, und ich habe mich dann doch beruhigt. Bis es dann plötzlich einen Schlag macht und die Tür aufspringt. Eine Frau ist dort gestanden, mit einem Messer in der Hand. Ich war noch so nervös, ich habe wieder laut geschrien. Ob ich was angehabt habe? Warum wollen Sie das alles immer so genau wissen? Haben Sie Ihre Hose an, wenn Sie Liebe machen? Ich weiß schon, dass mich das nichts angeht, aber Sie wollen das alles immer von mir wissen.

Also, dann eben so: Wir waren ohne Kleider. Zusammen, im Bett. Und wir haben Liebe gemacht. Sie wissen, was das ist? Gut. Helmut springt auf, sagt zu ihr etwas auf Deutsch. Ganz ruhig, er hat mit den Händen so nach unten gemacht. Ich habe nur „Messer" verstanden. Aber sie schreit auf, stößt ihm das Messer mitten in die Brust, als er danach greifen will. Da her, mitten in die Brust. Ja, absichtlich, natürlich.

Ob es da ein Handgemenge gegeben hat? Nein. Kein Handgemenge. Er greift nach dem Messer, sie stößt es gerade hinein in seine Brust. Er fällt um, und ich schreie, springe auf, kann gar nichts tun, nur schreien. Sie hält immer noch das Messer in der Hand, schaut mich an. Ich kann mich endlich wieder bewegen, springe zur Balkontüre, sie kommt mir mit dem Messer nach. Sie hat etwas geschrien, ich habe nur verstanden „Sau". So hat sie gesagt. Wie ich das in der Panik verstehen konnte? Weiß ich nicht. Aber „Sau" hat sie gesagt. Ich kann gerade noch die Tür aufreißen, springe hinunter, ohne Kleider, es ist so kalt, und ich lande auf etwas Weichem. Gleich merke ich, dass es Loisl ist, der Loisl liegt im Schnee, ich darauf, ich springe auf, es ist so kalt, ich renne. Sie wissen, wie es ist, ohne Kleider, ohne Schuhe, im Schnee zu rennen? Ich habe geglaubt, ich muss sterben, ob mit Messer oder ohne. Doch da sehe ich Licht, von der Maschine, die die Piste glatt macht. Ich renne, schreie um Hilfe, und da ist ein Mann, der mir hilft, der wickelt mich in Decken ein und hält mich fest, weil ich so zittern muss. Er hat mich heruntergebracht, zu einem Rettungsauto. Mehr weiß ich über diese Nacht nicht.

Bär im Bierkrug, Gott und Teufel

Mit geübten Griffen riss sie die abgefrorenen, braunen Pflanzenteile ab und warf sie in den mitgebrachten Plastiksack. Zwischendurch musste sie sich immer wieder stöhnend aufrichten, denn die gebückte Stellung tat ihrem Kreuz nicht gut. Die verbleibenden Teile des Allerheiligengestecks, die noch Farbe zeigten, rückte sie sorgfältig zurecht. Rosarot und gelb. Josef hatte Rosarot gehasst, das hatte er nun davon.

Ihr Blick fiel auf die Schrift auf dem Stein über dem schmalen Grab. „Josef Hametner" stand da, in tief eingegrabenen Lettern, in denen schon gelbe Flechten wuchsen. Zwanzig Jahre war es jetzt her, dass sie ihren Mann ins Grab gebracht hatte, und verdient hatte er es. Dennoch kam sie unermüdlich jede Woche auf den Friedhof, um nach den Blumen zu sehen. Und ihn an sich zu erinnern. Wenn er auch in der Hölle schmorte, er sollte dennoch niemals vergessen, wer ihn dorthin gebracht hatte.

Fluchend zog er die warmen Handschuhe von den Fingern. Es war ihm nicht gelungen, mit ihnen die Schlösser an den Läden und an der Tür seines Standes aufzuschließen, es half nichts, er musste sich mit ungeschützten Fingern an die Arbeit machen. Und das bei minus zwölf Grad. Was war ihm bloß eingefallen, als er sich um einen Stand beim Wolfgangseer Advent beworben hatte? Gewiss, es gab Einnahmen, aber wenn er ehrlich zu sich selbst war: Die Touristen, vor allem aus den Ostländern, die kamen nur, um zu schauen. Ständig blickte er in ihre Kameraobjektive und wurde angeblitzt. Wenn er für jedes Foto wenigstens einen Euro bekäme, dachte er sich. Er zog die Handschuhe wieder über und besah sich seine Ware.

Sie machte sich auf den Weg in die Pfarrkirche. Gott sei Dank waren noch kaum Stände des Adventmarkts geöffnet, kaum Menschen auf den Straßen. Einige Standinhaber hatten bereits die Läden hochgeklappt und waren im Schein der widerlich kitschigen Lichterketten mit dem Ordnen ihrer Ware beschäftigt. Ein eisiger Wind zog durch die Gassen, auch in der Kirche, schien es ihr, war es nicht viel wärmer. Jahrelang hatte sie ihn angefleht, mit in die Kirche zu kommen, und jahrelang hatte er sie ausgelacht. Dann hatte sie aufgehört, mit ihm darüber zu reden, und stattdessen auf den Herrn gehört.

Sie kniete sich in die zweite Reihe, stützte ihre Ellenbogen auf die Kirchenbank vor ihr und sah dem Herrn ins Angesicht, der sich gerade der Versuchung durch den gehörnten Teufel widersetzte. Hunderte, ja Tausende kamen jedes Jahr und vor allem im Advent, um den berühmten Pacher-Altar zu sehen, aber kaum jemand verstand, was er ihm sagen wollte. Immer und immer wieder hatte sie selbst dieses Bild betrachtet, bis der Herr schließlich zu ihr gesprochen hatte. Man musste ihm nur ins Gesicht sehen, um alles zu verstehen. Niemals war der Herr in Gefahr gewesen, der Verführungskunst des Teufels nachzugeben, da mochte der noch so sehr seine Zähne fletschen. Und der Herr hatte ihr gesagt, dass sie selbst im Recht, ihr Josef aber im Unrecht war. Dass sie selbst ein gottesfürchtiges Leben führte, während der Josef rauchte, trank, seine Tiere, gelegentlich sogar seine Frau und seine Kinder schlug und dazu noch fast jeden Abend im Wirtshaus verbrachte. Wer konnte wissen, was er dort trieb. Wieder und wieder hatte sie den Herrn gefragt, ob er den Josef denn nicht läutern könnte, ob es nicht helfen würde, ihn zur Beichte in die Kirche zu bringen, ob der Herr nicht etwas tun könnte, dass er sich ebenso an die Gebote des Herrn hielt wie sie. Der Herr aber hatte immer wieder den Kopf geschüttelt, und sie hatte geglaubt, er lasse sie im Stich. Bis er ihr endlich einen Fingerzeig gegeben hatte.

Weiß der Teufel, dachte er sich, wer die Weihnachtsmann-Nussknacker wieder durcheinandergebracht hatte. Sorgsam stellte er die kleinen nach vorn, die jeweils größeren eine Reihe zurück. Heimisches Handwerk wollte man, das hatte man ihm klar gesagt, als er um die Konzession für den Stand angesucht hatte. Und heimisches Handwerk hatte er ihnen dort auch gezeigt.

Das hieß aber nicht, dass er an seinem Stand nicht chinesische Nussknacker an die Touristen verkaufen konnte. Wer knackte denn schließlich heute noch Nüsse? Die Figuren wurden doch nur fürs Regal gekauft. Seht mal, ich war in St. Wolfgang. Schaut euch an, was ich von dort mitgebracht habe! Wenn einer heute Nüsse brauchte, dann kaufte er sie abgepackt im Supermarkt. Walnüsse knacken, das konnten die chinesischen Weihnachtsmänner natürlich nicht. Da knackte schon eher die Walnuss den Chinesen.

„Erinnere dich", hatte der Herr zu ihr gesagt, „was dir deine Großmutter über Kräuter und Heilpflanzen beigebracht hat. Erinnere dich daran, wofür und wogegen man sie verwendet." Und sie hatte genau gewusst: Das Wissen über die Pflanzen kam von ihm, vom Herrn. Er hatte es der Großmutter gegeben, und die Großmutter hatte es – mit Billigung des Herrn – an sie weitergegeben. Jahrelang hatte sie sich mit den Pflanzen nicht mehr beschäftigt, viel zu mühsam war ihr das Leben gewesen, doch damals, vor mehr als zwanzig Jahren, hatte ihr der Herr geholfen, sich wieder daran zu erinnern, dass es Pflanzen gab, die ihren Ehemann direkt in die Hölle schicken würden. Seltsam, hatte sie sich damals gedacht, nicht nur der Herr hatte zu ihr gesprochen, auch der Teufel hatte geflüstert: „Schick ihn zu mir! Bring ihn mir!“, und so hatte sie dem Herrn und dem Teufel gleichzeitig einen Gefallen getan und ihren Mann in die Hölle fahren lassen.

Da musste der Herr gar nicht erst zu ihr sprechen, auf dem Altarbild konnte es jeder sehen, dass der Teufel selbst auf die Pflanzen auf dem steinigen Boden wies, von denen eine, sie hatte es deutlich erkannt, ein Maiglöckchen war. Gewiss behauptete man, der Teufel weise nur deswegen auf den Boden, weil er den Herrn dazu auffordere, Steine in Brot zu verwandeln – sie aber wusste es besser. Das war die Art, auf die der Herr zu ihr sprach. Er hatte den Teufel dazu gebracht, auf die Maiglöckchen zu zeigen, und er hatte sie an ihr Wissen um diese Pflanze erinnert.

Und dann hatte sie ihrem Josef eine Bärlauchsuppe gekocht, in der er die paar Maiglöckchenblätter gar nicht spürte. Schließlich hatte sie dafür gesorgt, dass Bier und die Schnapsflasche schon auf dem Tisch standen, da kümmerte ihn der Geschmack des Essens wenig. Ein bisschen mühsam, erinnerte sie sich, war es schon gewesen, den Mann zum Stier in die Box zu schleppen, doch am nächsten Tag hatte angesichts des grausam zugerichteten Leichnams niemand daran gezweifelt, dass der Bauer den Fehler begangen hatte, zum Stier in die Box zu steigen, aus welchem Grund auch immer, und das mit dem Leben bezahlt hatte. Warum hätte man da noch in seinem Blut nach dem Gift der Maiglöckchenblätter suchen sollen? Dafür, dessen war sie sich gewiss, hatte ebenfalls der Herr gesorgt.

Seine Hände reibend, blickte er nach links und rechts die Gasse entlang, ob sich schon Kunden näherten. Noch bevor der Markt richtig losgegangen war, fror er, seine Zehen waren eiskalt, seine Finger nicht einmal in den dicken Skihandschuhen wirklich aufzuwärmen. Gegenüber, ja gegenüber! Da wurden Punsch und Glühwein ausgeschenkt, da sammelten sich die Menschen zu Trauben, blieben bis in den späten Abend, verstellten potenziellen Kunden die Sicht auf seine Waren, da ging es fidel zu!

Seufzend blickte er unter den Ladentisch. Von seinen Südtiroler Krippenfiguren hatte er auch noch nicht viele verkauft. Vor seinen Füßen am Boden stand ein verschlossener Karton, aus dem die Krippenfiguren nachgefüllt werden konnten, sollten sie zur Neige gehen. Aber nur dann, wenn sich ganze Busladungen näherten, die Japaner vor allem. Die Nachfüllware stammte ebenfalls aus China – verrückt wäre er, mit den Tiroler Figuren war doch kein Geschäft zu machen, die kosteten das Zehnfache im Einkauf. Wer merkte den Unterschied? Die Marktleitung vielleicht. Aber wenn gerade ein ganzer Bus kam, hatten die gar keine Chance zu entdecken, was da über den Tisch wanderte.

Den Rosenkranz betend, starrte sie dem Herrn ins Gesicht. Immer mehr verschwammen die Konturen des Altarbilds vor ihren angestrengten Augen, und auch diesmal sprach der Herr wieder zu ihr.

„Siehst du nicht", sagte er zu ihr gewandt, „wie sich der Teufel des ganzen Orts bemächtigt hat? Siehst du nicht, wie sie saufen, fressen, einander betrügen, Neid, Geiz und Habgier von ihnen Besitz ergriffen haben? All das zu meinem Geburtstag? Rund um mein Haus?" Natürlich sah sie es. Natürlich war auch ihr all das zuwider. Wer von denen, die zwischen den Ständen auf und ab schlenderten, sich einen um den anderen Becher mit Glühwein, Jagatee und was sonst noch füllen ließen, grölten und torkelten, wer von denen kam in die Kirche, um den Herrn zu sehen?

Gewiss, auch heute war die Kirche wieder voller Leute. Kameras umgehängt, in Reiseführern blätternd, mit den Fingern auf Bilder und Statuen deutend, deren Abbildungen sie in ihren klugen Büchern gefunden hatten, glücklich, den Originalen nun in der Wirklichkeit begegnet zu sein. Aber wer von denen dachte an den Herrn? Achtete sein Wort?

„Du musst dagegen etwas tun", sprach der Herr zu ihr, „so wie du deinen Mann in die Hölle geschickt hast, musst du heute etwas für mich tun, gegen diese Widerlichkeiten, die vor der Kirche und um die Kirche herum im Namen meines Geburtstages geschehen. Wenn du nichts tust, wer sollte dann etwas tun? Ausgeräuchert, hinweggefegt, vom Antlitz der Erde getilgt müssen jene werden, die meines Namens spotten."

Sie meinte, in den Augen des Herrn ein Glitzern der Leidenschaft wahrgenommen zu haben. Fast schien ihr, als hätte der Heiland seine Blicke vom Teufel abgewandt und sähe ihr direkt in die Augen. Seine Hände, die zuvor abwehrend dem Teufel entgegengestreckt waren, waren ihr zugewandt, als wollte er sie auffordern, zu ihm zu kommen. Oh, wie sie gewollt hätte!

„Es wird", so sprach der Herr weiter, „auch einen Lohn für dich geben, wenn du, mein Werkzeug, für mich handelst. Die ewige Glückseligkeit wird in meinem Reich auf dich warten."

Sie schluchzte auf, vor Freude, vor Begeisterung, aber auch vor Angst und Ungewissheit. Einige Menschen wandten sich mit fragenden, besorgten Gesichtern nach ihr um. Sie bemühte sich, ruhig zu bleiben, um nicht weiter aufzufallen. Wie sollte sie jene strafen, die den Herrn missachteten? Sie war allein, die da draußen aber doch so viele! Verzagt betete sie weiter, in der Hoffnung, der Herr möge erneut zu ihr sprechen.

Schön langsam kam ein wenig Schwung in die Angelegenheit. „Nicht vielleicht den größeren, gnädige Frau? Da werden die Kinder auch mehr Freude daran haben! Nur neunzehn neunzig." „Einen Hirten noch dazu? Vielleicht einen mit Schaf? Ochs und Esel?" „Darf ich Ihnen noch meine Krippenbeleuchtungen zeigen? Sehen Sie, hier einfach an die Batterie anschließen, und schon leuchtet der Stall rot!"

Einige Frauen hatten sich um seinen Stand angesammelt, manche zeigten angeregt auf die ausgestellten Waren und tuschelten miteinander. Er kam ein wenig in Stimmung und nahm noch einen Schluck von dem Becher Punsch, den er sich zuvor vom Stand gegenüber geholt hatte. Wohlige Wärme breitete sich in seinem Bauch aus. Aus den Augenwinkeln nahm er eine große Gruppe von Japanerinnen wahr, die sich seinem Stand näherten. Schnell versuchte er, die gerade laufenden Verkaufsgespräche zu einem Abschluss zu bringen. Jetzt wurde es Zeit für den Christbaumbehang, den er bisher noch nicht offen zu zeigen gewagt hatte.

Verzagt flüchtete sie aus der Kirche, weil der Herr schwieg und nicht mehr zu ihr sprechen wollte. Zwar hatte er sie freundlich angesehen, doch er hatte sie alleingelassen. Allein mit der großen Aufgabe. Sie sollte hier unter den Ungläubigen aufräumen, sollte sie hinwegfegen, aber wie, das hatte ihr der Herr nicht verraten. Damals, bei ihrem Mann, hatte er klar und deutlich zu ihr gesprochen, hatte sie an ihr Wissen erinnert, hatte ihr die Pflanze gezeigt, doch jetzt, wo es um noch viel mehr ging, ließ er sie einfach allein.

Tränen stiegen ihr in die Augen, als sie die Stiege hinunter in die Gassen des Ortes nahm, wo die Gottlosen ihre Buden aufgebaut hatten. Da pries einer die längste

Wurst der Welt an, dort glänzten Schnapsflaschen in der tief stehenden Sonne, die Luft war von Weihnachtsschlagern und dem Geruch von Alkohol getränkt. Sie zog den Kopf tief ein, starrte zu Boden und stieß mit einem Mann zusammen, der gerade seine Plastikgabel in ein Stück Bratwurst gesteckt hatte. Die Bratwurst flog samt dem Pappteller, der Gabel und dem Sauerkraut in hohem Bogen gegen den Pelzmantel einer Touristin, die hysterisch zu kreischen begann. Sie hastete weiter, während der Mann in einheimischem Dialekt hinter ihr her schimpfte, die Frau hingegen in einer ihr fremden Sprache nicht zu lamentieren aufhören wollte.

Ein Mädchen in einem Engelskostüm mit angeklebten Flügeln und einem goldenen Heiligenschein stellte sich ihr in den Weg. „Darf ich Sie zum Chorsingen der Volksschule einladen? Um siebzehn Uhr, vor der Kirche!" Geduckt schlich sie weiter und ließ den Zettel achtlos fallen, den ihr das Mädchen in die Hand gedrückt hatte. Schickt mir der Herr einen verkleideten Engel, mit einem Heiligenschein aus Pappkarton?, dachte sie verbittert, immer noch in der Hoffnung, der Herr möge ihr doch ein Werkzeug in die Hand legen, einen Fingerzeig geben, wie sie seinen Auftrag ausführen konnte.

„Aus dem Weg!" Fast hätte sie einen mit Schellengeläut daherrasenden Schlitten übersehen, in dem ein als Weihnachtsmann verkleideter Fahrer die Zügel schwang. Der Schlitten stand auf Rädern, denn der wenige Schnee, der in den letzten Tagen gefallen war, war von den Menschenmassen zu grauem Brei zerstampft worden, der keine Schlittenkufe hätte gleiten lassen. Der Schlitten zog an ihr vorbei, grinsende Gesichter der in Decken gehüllten Fahrgäste.

Vorsichtig wickelte er den Christbaumbehang, den er aus Deutschland bestellt hatte, aus und verteilte die Figuren vor sich auf dem Ladentisch. Der Golf spielende Weihnachtsmann, der Weihnachtsmann als Harley-Fahrer.

„May I have a look?" Er nickte. „You have more of these?" Schon wanderten die Weihnachtsmänner von Hand zu Hand, Gekicher, Gegacker in einer asiatischen Sprache. Sein persönlicher Liebling war der Bayernbär mit weiß-blauem Maßkrug in der Hand. Gekreische, als er ihn vor sich absetzte.

„Yes, Madam. This one big. Twenty four, ninety-five. Small one sixteen ninety-five." Er kam mit dem Einwickeln des Glasschmucks nun gar nicht mehr nach. Sogar der im Maßkrug hockende Bär, der ihm persönlich dann doch ein wenig zu geschmacklos war, fand seine Käuferin.

Verzagt schlich sie den Berg hinauf, dem Menschenstrom entgegen, der jetzt den Berg herunterkam, von den großzügig angelegten Parkplätzen für Busse und Pkw. Immer wieder stieß sie fast mit Menschen zusammen, denn ihr Blick war starr zu Boden gerichtet. Noch immer hatte ihr der Herr kein Zeichen gegeben, kein Werkzeug, das ihr erlaubt hätte, ihren Auftrag auszuführen.

Motorräder aus Holz. Musikantenstadl-Hüte. Ein Bub, gekleidet, als zöge er in den Krieg, drückte auf den Bauch eines Stoffbären, der an einem Drehständer hing. Blechernes, quäkendes Gejodel erscholl. Ein angeblicher Hufschmied drosch lautstark mit dem Hammer auf Eisen ein, während die billigen Hufeisen aus industrieller Produktion zum Verkauf an den Wänden seines Standes hingen. Heidnische Symbole auf dem Adventmarkt. Ihr drehte sich der Magen um. Sie hielt inne, holte ihren Rosenkranz aus der Manteltasche und begann zu beten, schrak aber auf, als sich lautes Motorengeräusch näherte. Sie senkte den Kopf, betete weiter und begriff, dass ihr der Herr ein Werkzeug geschickt hatte.

Schnell verschwand die Massenware wieder unter dem Tisch, als die Gruppe weitergezogen war. Bald würde die Lena kommen und ihn für eine Stunde ablösen, damit er sich wieder aufwärmen und etwas essen konnte. So schlecht war das Geschäft heute nicht gelaufen. Was ihn aber langsam zu ärgern begann, war der Gestank des Raclette-Standes schräg gegenüber. Jetzt endlich war der Käse so richtig heiß geworden, und in ekelhaften Schwaden trug der Wind den Geruch zu ihm herüber. Wo er doch Käse nicht ausstehen konnte. Und nicht nur ihm ging es so. Ein paar potenzielle Kundinnen hatten sich bereits die Nasen zugehalten und waren schnell an seinem Stand vorübergeeilt, ohne ihn auch nur eines Blickes zu würdigen. So ging das nicht. Nächstes Jahr würde er darauf bestehen müssen, einen Platz weitab von der stinkigen Käserei zu bekommen, das verdarb einem ja völlig das Geschäft.

Unruhig blickte er auf seine Uhr. Die Lena war schon fünf Minuten zu spät. Von oben, vom Parkplatz her, näherte sich das Dröhnen eines Traktors.

Soeben war der Fahrer des Traktors aus seiner Kabine gestiegen, während der Motor weitertuckerte. Hinter dem Zugfahrzeug lag eine Ladung Christbäume, in Netzen eingefangen, auf einem Anhänger. Der Traktorfahrer hatte sich einige Schritte von seinem Fahrzeug entfernt und debattierte dort, heftig gestikulierend, mit einem Polizeibeamten, der ihm offenbar untersagen wollte weiterzufahren.

Sie begriff, dass ihr der Herr nun ein Werkzeug geschickt hatte, dass sie aber schnell handeln musste, solange der Fahrer des Traktors abgelenkt war. Sie zügelte ihre Hast, um nicht aufzufallen. Die Tür der Fahrerkabine stand offen, der Zündschlüssel, an dem der Anhänger einer Brauerei baumelte, steckte im Schloss. Wenn der

Fahrer jetzt hersah, konnte er noch annehmen, sie wolle lediglich an dem Fahrzeug vorbeigehen. Doch in diesem Moment setzte sie ihren Fuß auf die unterste Stufe der Trittleiter, und so schnell, wie sie selbst es sich nicht zugetraut hätte, saß sie im Fahrersitz. Einen Traktor zu bedienen, das war für sie ein Kinderspiel, musste sie doch seit fast zwanzig Jahren die ganze Arbeit auf dem Hof nahezu allein erledigen.

Den entsetzten Schrei des Traktorfahrers hörte sie nicht mehr, weil der Motor laut aufheulte, als das Gespann sich in Bewegung setzte. Sie gewann an Fahrt, und schon stoben entsetzte Passanten zur Seite, gewarnt durch den laut aufheulenden Motor der Zugmaschine. Das Gesicht des Traktorfahrers tauchte neben ihr an der Scheibe der Kabine auf. Er mochte brüllen, was er wollte, er mochte drohen, sie sah nicht einmal hin. Wenn er so dumm war mitzufahren, dann sollte er die Folgen ruhig in Kauf nehmen. Das hysterische Geschrei der Menschen, die sich an Hausmauern und zwischen Marktstände zu flüchten versuchten, drang bis in die Kabine vor.

Plötzlich war das vor Wut und Aufregung gerötete Gesicht des Traktorfahrers verschwunden, und sie entschloss sich, den Auftrag des Herrn ohne längere Verzögerung auszuführen.

Er schenkte dem Lärm zunächst keine Beachtung, doch als das Dröhnen immer lauter wurde und sich zudem mit hysterischem Kreischen mischte, beugte er sich doch aus seinem Stand, um zu sehen, was die Aufregung verursacht hatte. Was er sah, war ein Traktor, der direkt auf seinen Stand zusteuerte, und was er in den wenigen Sekunden danach noch wahrnahm, war ein Krachen, ein Bersten, ein enormer Druck auf seinen Körper, seinen Kopf, und danach nichts mehr.

Tödlicher Unfall bei Wolfgangseer Advent

St. Wolfgang. Ein Todesopfer und ein Schwerverletzter waren die Folge eines Traktorunfalls während des Wolfgangseer Adventmarkts am Samstagnachmittag. Die Fahrerin eines Traktors, die das Fahrzeug aus bisher ungeklärten Gründen entwendet hatte, krachte nahezu ungebremst in einen Marktstand, wobei der Besitzer Theodor M. (44), der sich im Stand befunden hatte, getötet wurde. Eine Besucherin wurde durch den schleudernden Anhänger schwer verletzt. Der Besitzer des Gespanns, der Landwirt Matthias G. (52), hatte noch versucht, die Fahrerin zum Anhalten zu bewegen, war dabei auf das Trittbrett gesprungen, kurz vor dem Aufprall aber abgesprungen.

Schreckliche Szenen spielten sich Samstagnachmittag während der Amokfahrt einer Traktorlenkerin in St. Wolfgang ab. Die Frau hatte das Gespann, das eine Ladung Christbäume liefern sollte, entwendet, während der Fahrer die Zufahrtsmöglichkeiten mit einem diensthabenden Polizisten besprach. Sie lenkte das Gespann durch den Adventmarkt, dessen Besucher Glück hatten – sie konnten sich bis auf eine 64-Jährige aus Thüringen vor dem heranbrausenden Gespann retten.

„Ich hab den Motor laufen lassen, wer denkt denn an so was!", rechtfertigt sich der Besitzer der Zugmaschine, der Christbaumbauer Matthias G. „Ich bin noch aufgesprungen und hab sie angeschrien, aber die war wie besessen, die hat nicht einmal zu mir hergeschaut! Schließlich musste ich abspringen, um mich zu retten."

Die Fahrerin lenkte das Gespann schließlich gegen einen Marktstand, dessen Besitzer in den Trümmern ums Leben kam. Er hatte Christbaumschmuck und andere Weihnachtsartikel aus Holz feilgeboten.

Über die Ursache der Amokfahrt ist bislang wenig bekannt. Aus Polizeikreisen war zu hören, die Frau habe in religiösem Wahn gehandelt, der Herr habe ihr befohlen, dem ihrer Meinung nach gottlosen Treiben auf dem Adventmarkt ein Ende zu setzen. Es handelt sich bei der Frau um eine fünfzigjährige ortsansässige Landwirtin, deren Mann vor nahezu zwanzig Jahren bei einem schweren Unfall in seiner Landwirtschaft zu Tode gekommen ist.

Die Verletzte, eine deutsche Touristin, wird im LKH Bad Ischl behandelt. Sie hat einen Oberschenkelbruch erlitten, befindet sich aber außer Lebensgefahr.

Der Weihnachtsmarkt wurde zwar für den Rest des Samstags geschlossen, am Sonntag allerdings weitergeführt. „Der Advent ist unsere dritte Hauptsaison", so Tourismusdirektor Gstöttner. „So traurig die ganze Angelegenheit ist, können wir doch nicht Tausende Touristen enttäuschen, die ihren Besuch schon lange geplant haben."

Frozen Joseph oder:
Collateral Damage

1. Außen, Tag. Ein Mann, ein Kind, männlich.

– Schau mal, Papa, der Josef!

– Du sollst mir doch nicht immer davonrennen! Ich wollt dir doch gerade den da erklären! Das ist der „Urberl mit der Leinwand", eine klassische Krippenfigur, jetzt nicht wirklich typisch für Salzburg, aber dennoch ...

– *(zeigt mit dem ausgestreckten Finger auf eine Krippenfigur)* Papa! Der Josef! Der schaut so echt aus!

– Also, das find ich jetzt wirklich undankbar! Wo ich mir doch extra die Zeit genommen habe, das auch noch im Internet ...

– Papa! Der tropft!

– Wahrscheinlich Kondenswasser. Mich hat es sowieso gewundert, dass die hier eine Wachsfigurenkrippe aufgestellt haben. Die Luftfeuchtigkeit ...

– Papa! Der ist echt!

– Also jetzt red doch keinen solchen Blödsinn! Natürlich schaut er ziemlich echt aus! Aber dafür werden die schließlich bezahlt, die die Wachsfiguren machen!

– Papa! Jetzt schau doch einmal her!

– Jetzt reicht's mir aber! Wir gehen nach Hause! *(fasst das Kind an der Hand und will es wegziehen)* Das ist sowieso überhaupt keine Atmosphäre für ein Kind wie dich. Keine Besinnlichkeit! Und der Alkoholdunst überall!

– Schau, Papa, jetzt ist er umgefallen, der Josef! *(beginnt zu weinen)*

– Also, hast du vielleicht, mit dir kann man ja ... Um Gottes willen! Schnell, schau weg! Ich ruf gleich die Polizei!

2. Außen, Tag. Der Mann, Chefinspektor Nemecek.

– Also, Sie haben das Opfer umgeworfen? Warum haben Sie das denn gemacht?

– Also, nein, natürlich nicht! Können Sie uns jetzt nicht endlich gehen lassen? Das Kind ...

– So schnell geht das leider nicht, lieber Herr. Immerhin haben Sie eine Leiche gefunden, nicht? Da müssen wir schon die genaueren Umstände ...

– Da geht man extra, nicht wahr, extra möglichst früh auf den Christkindlmarkt, damit einem nicht ständig Betrunkene über die Füße fallen, nicht, damit das Kind, und dann so was! Kaum hat ihn der erste Sonnenstrahl berührt, ist er umgefallen. Der Josef.

– Sie haben also das Opfer längere Zeit betrachtet? Ist Ihnen da nichts aufgefallen?

– Also, betrachtet! Ich hab gar nichts betrachtet! Ich wollte dem Kind den „Urberl mit der Leinwand", nicht ...

– Ja, ja! Und Ihnen ist nicht aufgefallen, dass das eine echte Leiche war? Eingefroren?

– Ja, sehen Sie, da hat das Kind dann, da hat er zu tropfen angefangen. Wegen der Sonne. Und dann ist er umgefallen. Da hat das Kind dann zu weinen ...

– Und Sie haben gar nichts gesehen?

– Nein, ich habe ja den Urberl im Auge gehabt, und dann wollte ich dem Kind auch diese für das Salzkammergut so typischen Krippenfiguren erklären, nicht, den „Voda-lo-mi-a-mitgehn", und den „Traubentrager", und ...

– Sie haben also nur die bereits umgefallene Leiche gesehen?

– Ja, und natürlich, das Kind hat dann, nicht, geschrien, da musste ich, da habe ich mich ...

– Also, Ihr Sohn hat Sie darauf aufmerksam gemacht, dass mit dem Josef was nicht stimmt. Und Sie haben dem zunächst keine Beachtung geschenkt.

– Ja. So in etwa. Ist ja an sich noch kein Verbrechen, nicht?

– Wenn Sie den Josef nicht in die Tiefkühltruhe gelegt haben, dann nicht.

3. Innen, Tag. Chefinspektor Nemecek, Gerichtsmedizinerin Dr. Gartler, die Leiche.

– Ist er schon aufgetaut?

– *(drückt mit mehreren Fingern der offenen Hand auf den Bauch der Leiche)* Noch nicht ganz. Ich habe ihn mir aber schon oberflächlich anschauen können.

– Und?

– Er war schon tot, als er eingefroren worden ist.

– Bah, das schaut ja grauslich aus. Wie ein Schnitzel, das man jahrelang in der Tiefkühltruhe vergessen hat.

– Nein, so lange war er sicherlich nicht eingefroren.

– Haha! Der Ötzi! Den hab ich mir einmal in Bozen angeschaut, im Museum. Hat ausgeschaut wie ein Rohschinken.

– Wenn wir wieder zur Sache zurückkehren könnten? Die Kerntemperatur war zwar auch bei 18 Grad minus, wie es eben der Temperatur in einem Kühlhaus entspricht.

– Kühlhaus?

– Ja, darauf deutet auch hin, dass die Leiche nicht geknickt oder gestaucht war. Sonst hätte sie der Täter ja auch nicht einfach in der Krippe aufstellen können. Und so große Tiefkühltruhen ...

– Stimmt. Kenne ich nicht. Also Kühlhaus. Gasthaus, Restaurant, Fleischhauerei, Brauerei, oder?

– Das ist dann Ihre Sache. Ich beschäftige mich nur mit dem Körper.

– Und das macht Ihnen auch noch Spaß?

– Wie man's nimmt. Immerhin gibt's bei uns keine Ungeduld im Wartezimmer.

– Na ja. Was hat er jetzt gehabt, unser Josef?

– Das Übliche. Vermutlich ein Schlag mit stumpfem Gegenstand auf den Hinterkopf. Wahrscheinlich Schädelbruch, Trauma. Für detailliertere Auskünfte muss ich ihn noch ins Röntgen schieben.

– So genau brauchen wir das gar nicht wissen. Erschlagen worden ist er halt. Sonst?

– Männlich ...

– *(zeigt auf das Geschlechtsteil der Leiche)* Haha! Das seh ich! Obwohl, die Kälte hat anscheinend seinem ...

– Bleiben wir bitte sachlich. Das Alter schätze ich auf 55 Jahre, plus minus fünf Jahre. Etwas Karies, aber gut sanierte Zähne, einer fehlt, kein Zahnersatz. Eine Knieoperation hat er gehabt.

– Herkunft?

– Ich bin ja keine Rassentheoretikerin. Da müssen Sie schon einen Ausweis finden. Ein Neger ist er nicht.

– Jetzt lassen Sie aber Ihre Scherze! Und außerdem, „Neger" sagt man nicht. Das ist abwertend. Rassistisch.

– Zu einem Neger direkt würd ich eh Schwarzafrikaner sagen. Bei Ihnen hab ich mir da nichts gedacht.

– Egal. Wenn er es eh nicht ist. Sagen Sie, wie lange er eingefroren, also wann er ...

– Da muss ich genauere Gewebeuntersuchungen durchführen, das kann ich so aus dem Stand nicht beantworten.

– Anhaftungen? DNA?

– Das ist interessant. Offenbar hat jemand die Kleidung des echten Josef hergenommen, also die vom Wachs-Josef, und dieser Leiche angezogen. Da hat man bei der Herstellung der Krippe nicht wirklich auf Authentizität geachtet, denn diese Toga, oder was das sein soll, die ist aus billiger Baumwolle, während der Josef, zu dieser Zeit, quasi also Antike, doch einen leinenen ...

– Ja, ja. Einen handgewebten Stoff werden sie der Wachsfigur umhängen. Die sind ja auch nicht blöd, vom Christkindlmarkt. Oder von Madame Tussaud's, wer immer auch dafür verantwortlich ist. Und, sagen Sie, keine Hinweise auf die Identität?

– Na ja, Brieftaschel hat er keines eingesteckt gehabt, wenn Sie das vielleicht meinen. Hat ja auch keine Taschen, die Toga.

– Jetzt tun S' mich bitte nicht pflanzen, ja? Danach haben wir schon selber gesucht. Ich meine: Zahnsanierung – österreichisch? Ungarisch? Türkisch? Knieoperation – inländisch oder vielleicht kalifornisch?

– Für solche Details, da müssen S' noch ein bissel warten. Ich bin ja keine Hexenmeisterin. Und bei der Knieoperation, da würde ich meine Hoffnungen jetzt nicht drauf setzen. Da können Sie keine Nationalität, ich meine ...

4. *Innen, Tag. Chefinspektor Nemecek, Inspektor Grabner, Fräulein Zacherl.*

– Verdammt noch einmal! Das muss doch irgendwem aufgefallen sein, dass da jemand die Wachsfigur gegen eine Leiche ausgetauscht hat. Das gibt's ja nicht! Da muss man doch mit einem Lieferwagen hinfahren ...

– Oder mit einem Leichenwagen!

– Jetzt hören Sie aber auf! Ein Leichenwagen, der wär ja noch viel mehr aufgefallen!

– Aber so ein Lieferwagen, der fällt überhaupt nicht auf, wenn der da hinfährt, da gibt's ja Dutzende davon, in der Früh, bevor der Markt aufsperrt! Ich hab da neulich gelesen, in Wieselburg auf der Messe, da haben ein paar Ganoven eine ganze Infrarotkabine abgebaut und mitgenommen! Während Dutzende Arbeiter in der Halle Messestände ...

– Sie kommen mir vom Thema ab. Was glauben Sie denn, was die Presse aus uns macht? Der Tourismusverband hat schon angerufen, dreimal! Der Bürgermeister, die Vizebürgermeisterin! Die Fraktionsführerin der Oppositionspartei!

– Herr Chefinspektor, der Obmann vom Christkindlmarktverein ist dran! Soll ich durchstellen?

– Der soll sich ... kreuzweise! Was reg ich mich auf! Richten Sie ihm aus, er kann es sich aussuchen: Entweder wir klären den Fall, oder ich beantworte ganztags Anfragen von Politikern und sonstigen Wichtigtuern! Sagen Sie ihm das!

– Soll ich das mit den Wichtigtuern auch ...

– Ruhe! Sie finden schon die richtigen Worte, Zacherl! Ich verlass mich da auf Sie!

– Sollen wir Haus-zu-Haus ...

– Stand-zu-Stand wär besser. Bleibt uns ja nichts anderes übrig.

5. *Innen, Tag. Polizeipräsident Haubner, Chefinspektor Nemecek, Presse.*

– Meine Damen und Herren, wegen des übergroßen Interesses der Medien haben wir uns zu dieser Pressekonferenz entschlossen, obwohl wir, natürlich, so zeitnah nach dem Auffinden des Josef, ich meine, der Tat, der Leiche, noch gar nichts, wenig ... Ich übergebe an den zuständigen Chefinspektor Nemecek.

– Äh, ich? Ja, meine Damen und Herren. Nicht wahr. Es kam also zur Auffindung einer männlichen Person, welche in eisigem ... gefrorenem Zustand in die Krippe auf dem Christkindlmarkt verbracht worden war. Die Todesursache, also, wir können, müssen, denke ich, von Fremdverschulden ausgehen, jedoch ...

– Herr Chefinspektor! Selber eingefroren wird er sich wohl nicht haben!

– Ja, also. Was die Todesursache angeht, da gehen wir von einem stumpfen Gegenstand aus. Mit einem stumpfen Gegenstand. Gegen den Hinterkopf. Die Verbringung der Leiche auf den Christkindlmarkt, das ist, darüber ...

– Haha! Mit'm Nussknacker!

– Oder mit'm Deckel vom Maronibrater!

– Ja, meine Herren. Und Damen. Wir können das auch abbrechen, wenn wir da nicht mit mehr Ernsthaftigkeit, nicht wahr. Herr Chefinspektor, bitte fahren Sie fort.

– Wie schon gesagt. Die Verbringung der Leiche, da haben wir noch keine Anhaltspunkte. In diesen Minuten führen meine Mitarbeiterinnen und Mitarbeiter Befragungen bei allen durch, die sich im verantwortlichen Zeitraum, äh, zur besagten Zeit dort aufgehalten haben. Lieferanten und -tinnen, Beschäftigte. Auf dem Christkindlmarkt.

– Könnte es nicht eine Fehde unter den Standlern gewesen sein? Man hat ja davon gehört, dass die Wachsfigurenkrippe nicht bei allen gut angekommen ist, da hat es ja Streitereien um den Standort gegeben. Nicht alle waren begeistert.

– Ja, über die Motive, nicht, da müssten wir zuerst einmal die Identität des Verstorbenen ... da kann derzeit natürlich noch nichts gesagt werden. Wenn Sie mich dann entschuldigen wollen. Ich würde mich gerne der Aufklärung des Falles widmen.

– Dann wisst ihr also wieder einmal nichts, gar nichts!

– Ich muss doch sehr bitten! Angesichts der kurzen Zeit! Ah! Herr Chefinspektor! Nemecek! So lassen S' mich doch nicht, Sie können sich doch nicht einfach ...

6. Außen, Tag. Chefinspektor Nemecek, Marktfierantin Hermine Träudler.

– Sagen Sie, kennen Sie den Mann auf dem Bild da?

– Zeigen S' einmal her ... die Brille ... die ist auch schön verschmiert ... Ja, natürlich kenn ich den! Das ist ja der Horn! Wollen S' vielleicht einen Mangopunsch? Den haben wir heuer neu!

– Nein, danke, wirklich nicht. Was für ein Horn? Woher kennen Sie den?

– Na, der hat doch den Bratwürstelstand! Der immer dort war, wo jetzt die Wachsfigurenkrippe steht! Der Benedikt Horn! Aber schlecht schaut er aus, auf dem Bild da. Da haben Sie ihn aber nicht gut getroffen. Einen Heidelbeerpunsch, vielleicht?

– Danke. Ist kein Wunder, dass er schlecht ausschaut. Er ist ja auch tot, der Horn, auf dem Bild. Und eingefroren.

– Jessas, Maria und Josef! Tot! Und eingefroren! Ist denn am Ende der Horn der Josef, der da heute Früh in der Krippe ...?

– Offensichtlich. Sagen Sie, hat der Streit gehabt? Mit dem Marktverein? Oder mit denen von der Wachsfigurenkrippe? Immerhin haben sie ihm ja den Standplatz weggenommen.

– Was glauben Sie denn! Getobt hat der! Da mag ich gar nicht mehr daran denken, wie das bei der Sitzung zugegangen ist! Jetzt brauch ich selber einen Punsch. Ich nehm mir aber einen Orangenpunsch. Den mach ich selber. Ich hab ja gar keine Ahnung, aus was die das andere Geschlader da zusammenbrauen. Wollen S' jetzt nicht doch einen?

– Ja, Grabner? Ja, wir haben die Identität. Ein gewisser Benedikt Horn. Auch Marktfahrer. Geht's dem bitte gleich nach. – Ja, geben S' mir halt auch einen.

– Geht aufs Haus. Wissen S', früher hab ich ja alles selber gemacht. Aber seit wir da von den Italienern quasi überrannt werden, da geht das einfach nicht mehr. Da muss ich zukaufen. Und nach dem dritten, da merkt eh keiner mehr, was da im Becherl dampft. Prost!

– Prost! Und danke! Können Sie mir noch was erzählen, über den Horn?

– Ja, praktisch ein Urgestein vom Christkindlmarkt, nicht. Aus der Zeit, wo wir alle noch drinnen am Domplatz waren. Und er, er hat den Stand in der Mitte gehabt. Wo jetzt die Wachsfigurenkrippe ist. Ist aber schön geworden, finden S' nicht?

– Ganz wunderbar. Und mit wem hat es da Auseinandersetzungen gegeben, wenn ich fragen darf?

– Mit allen! Ah, das tut gut. Ich hab eh schon ganz kalte Füße. Ich sag Ihnen, das mit den kalten Füßen, das ist das größte Problem beim Standeln. Da können Sie sich *solche* Styroporplatten unter die Füße schieben – nix nutzt's!

– Über den Horn?

– Ja, wie ich schon sag: mit allen. Eine Petition hat er herausgegeben, dass wir die Wachsfiguren gar nicht wollen sollen. Und damit ist er dann herumgerannt, und alle haben unterschreiben müssen.

– Haben Sie unterschrieben?

– Ja, was hätt ich denn machen sollen? Der war ja völlig außer sich! Hab ich ja schon gesagt.

7. Außen, Nacht. Zwei Männer.

– Wissen Sie, diese Märkte, die kann man nicht länger den lokalen Tourismusbehörden überlassen. Das ist eine Sache für internationale Konzerne. Multinational Companies. 30 Prozent vom Jahresumsatz, sage ich nur!

Thirty Percent! Da müssen Profis ran. Und deswegen haben wir Sie geholt.

– Right.

– Das ist ja nur eine Frage der Zeit, a matter of time, bis wir das alles aufgekauft haben und die Rechte uns ganz allein gehören. Aber wir machen das natürlich nicht für uns, die lokale Wirtschaft, the local economy, die muss da schon mit profitieren. Betonung auf „mit", halt. Haha!

– Right.

– Es war ja ein weiter Weg für uns, von Donald und Micky Maus bis zu dem, was wir heute sind. Der alte Walt, der wäre stolz auf uns. Proud. Und es ist ja nicht so, dass wir nicht schon Großes geleistet hätten, Sie haben es sicher schon bemerkt.

– No.

– Ach ja, ich hab vergessen: Sie gehen ja nicht auf Weihnachtsmärkte: überall die gleichen Schnäpse, die gleichen Spaghettisaucen, Senf, Essig: alles standardisiert. Spirits, Mustard. Machen bei uns alles die Designer. Was drinnen ist, ist ja egal. Mit künstlichen Aromen kommen Sie überall hin, wo Sie hinwollen. Artificial flavour.

– Right.

– Da gibt es ja ein großes Vorbild hier in Salzburg. An example. Ein Weltkonzern. Der Sprudel? Der interessiert keinen.

– Sprudel?

– Das Getränk. The drink.

– Right.

– Wir hätten dem Horn jede Menge Geld geboten, dass er uns in Frieden lässt. Aber er war halt stur. Und da muss man so jemanden wie ihn, den muss man dann halt als, sagen wir einmal, Kollateralschaden verbuchen.

– Right. Collateral damage.

Aus für Santa Claus

Genau dort, wo eine schwarze Markierung an der Wand die Hochwasserstände verewigte, war der Weihnachtsmann zusammengesunken. Sein Kopf war vornübergekippt und gab die Flutmarkierung von 1922 frei. Ich drehte am Einstellrad meiner Kamera, um rasch noch Fotos zu schießen, bevor die Polizei mich vertreiben würde. Ohne Blitz allerdings würden die Fotos wohl nicht einmal für unser Provinzblättchen reichen, dessen einziger Vollzeit-Journalist zu sein ich die Ehre hatte – obwohl ich mit meiner neuen Spionagekamera mit dem Superzoom Santas rotbemützten Kopf formatfüllend ins Bild bekam.

Rund um den Weihnachtsmann waren weiträumig Absperrbänder gezogen, uniformierte Polizeibeamte lotsten die Besucher des Adventmarkts aus dem Schloss Orth auf die Brücke. Dabei kam es immer wieder zu Staus, niemand wollte sich die Sensation entgehen lassen, dass hier, mitten in Gmunden, auf dem Adventmarkt der Weihnachtsmann ermordet worden war.

Ich stand noch auf der Arkade, die in Höhe des ersten Stockes rund um den Schlosshof führt. Bis jetzt hatte ich mich den Bemühungen der Uniformierten entziehen können, die die Weihnachtsausstellung zu räumen hatten.

„Wenn ich bitten darf!" Als einen der Letzten drängte mich ein weißbärtiger Polizist nun doch in Richtung Ausgang. Als ich nach unten kam, stand an der Polizeiabsperrung mein ehemaliger Mathematiklehrer Federmann, ein wahrhaft germanischer Recke mit Schmissen im Gesicht. Mit dem Schirm gestikulierend schüttelte er den Kopf. Ich fragte mich, ob seine Entrüstung der Existenz des Weihnachtsmannes oder dessen vorzeitigem Tod galt. Aus dem Augenwinkel nahm ich Robert Eisl wahr, einen

Kriminalbeamten, der mich gelegentlich mit Insiderinformationen versorgte.

Ich hielt dem Polizisten meinen Presseausweis unter die Nase. „Presse. Ich möchte kurz mit Herrn Inspektor Eisl sprechen." Noch bevor der verdutzte Uniformträger reagieren konnte, hatte ich mich aus seinem Schatten zurück in den Hof gedrängt.

„Robert!" Der Angesprochene drehte sich wohl zu mir herum, war aber offenbar wenig erfreut, mich hier zu treffen. Resignierend kam er mit langsamen, kurzen Schritten auf mich zu. „Es ist besser, du gehst. Hier kriegst du keine Informationen außer dem, was du selber sehen kannst."
„Wenn du mir keine Infos gibst, bin ich gezwungen zu spekulieren."

Er musterte mich wie ein widerwärtiges Gericht, das man aus irgendwelchen Rücksichten sich genötigt sieht zu essen. „Er ist erstochen worden, Leberstich, verblutet. Keine Tatwaffe, kein Täter. Tatort noch unbekannt, er hat sich wohl noch hierhergeschleppt. Zunächst hat man ihn für besoffen gehalten, wie es aussieht – und dann war es zu spät."

Im Bereich innerhalb der Absperrbänder, so weit wie möglich von dem Toten entfernt, schluchzte eine dunkelhaarige Frau, gegen die Schulter einer Polizeibeamtin gelehnt, die ihr begütigend über den Rücken strich. Die Frau trug lediglich einen rosa-weißen Baumwollkittel.

„Die Witwe?", fragte ich, zu Robert gewandt. „Josef!" Er rief den weißbärtigen Uniformierten von vorhin mit einer Handbewegung zu sich. „Der Herr möchte gehen." Josef schnappte mich fast liebevoll am Oberarm und zog mich zum Tor. Nach den vielen Recherchegesprächen an Punsch- und Glühweinständen, die ich schon hinter mir hatte, war ich nicht mehr allzu sicher auf den Beinen und konnte ihm daher kaum wirksamen Widerstand entgegensetzen. „Das ist Behinderung der freien Presse!", maulte ich ebenso halbherzig wie vergeblich.

Wenig später fauchte mir auf der Brücke, die zum Ufer des Traunsees führte, der Wind eiskalt in die Ohren und den Halsausschnitt, sodass ich den Reißverschluss meiner Jacke bis obenhin zuzog. Eines hinter dem anderen standen auf der Brücke Polizeifahrzeuge mit zuckenden Blaulichtern. Dahinter stauten sich Neugierige, die von den Lichtern so magisch angezogen worden waren wie Gelsen von warmen, gut durchbluteten Frauenhälsen.

Apropos Frauenhälse: Mir war eingefallen, warum die Witwe keinen Mantel getragen hatte: Sie hatte an einem Verkaufsstand auf dem Markt im Schloss Orth bedient. Die nunmehrige Witwe Weihnachtsmann war eine äußerst attraktive Frau, und nur ihretwegen hatte ich einen Brioche-Krampus erstanden. Sie betreute einen Bäckereistand mit Weihnachtsgebäck, Christstollen, Bauernbrot und Germstriezeln. Gerade hatte sie einen dicken, runden Laib gegen ihren Bauch gehalten und ihn mit einem großen Messer entzweigeschnitten, eine Hälfte in Papier gewickelt und ihn lächelnd einem älteren Mann hingereicht. Ein wenig Lächeln war auch für mich abgefallen, was in mir etwas wie eine Kaufverpflichtung ausgelöst hatte. Ich war also an ihren Stand getreten, hatte eine vermutlich peinliche Bemerkung über schöne Bäckerinnen gemurmelt und auf den erstbesten Krampus gezeigt. „Sie kenne ich doch, von der Zeitung, oder?" Gratis zum Krampus gab es ein noch charmanteres Lächeln als zuvor. Nicht einmal mein allermüdester Scherz – in Richtung „Miss Adventmarkt" – löschte es aus, entweder hatte sie es überhört oder tatsächlich als Kompliment genommen.

Jetzt, wo ich langsam wieder nüchtern zu werden drohte, war mir mein Auftritt peinlich. Ich sollte mich beim Trinken etwas beherrschen. Was aber konnte diese

Frau mit dem Weihnachtsmann zu tun haben? Der musste doch viel älter sein als sie? Vielleicht war sie gar nicht die Witwe, sondern die Tochter? Ich würde es erfahren, am Montag musste ich ohnehin die ganze Geschichte recherchieren, um vor Redaktionsschluss unseres Wochenblättchens die Story fertig zu haben.

Ich hatte wenig Lust, nach Hause zu gehen. Mir war alleine in meiner Wohnung kalt, auch wenn die Heizung voll aufgedreht war. Während ich Schneereste und Eis von meiner Windschutzscheibe kratzte, wusste ich, wo ich heute noch Gesellschaft und etwas Annehmbares zu essen finden würde. Es gab da ein Gasthaus mit einem neuen Pächter aus Tschechien, dort wurde ganz anständig gekocht.

Wie nicht anders erwartet, fand sich eine Tischgesellschaft, die mich aufnahm. Herbert, ein Lehrer vom Gymnasium, saß dort mit einem Posaunisten von der Musikschule. Herbert traf man fast täglich im Wirtshaus, es trieb ihn um, er war alleine, hatte Haus, Kinder und Frau durch Scheidung verloren und hielt sich mit wechselnden Beziehungen, hauptsächlich mit Servierpersonal, über Wasser. Dem Posaunisten – hieß er nicht Alfred? – war ich ein-, zweimal begegnet, er war ein leidlich guter Zuhörer und Unterhalter. Wenn mich auch die Geschichten aus seiner Jugend, als er auf Bällen jedes Wochenende zum Tanz aufgespielt und jeweils zumindest zwei Ballbesucherinnen abgeschleppt hatte, nicht wirklich zu fesseln vermochten. Diesmal allerdings hatte ich selbst ein interessantes Konversationsthema zu bieten – wann gab es bei uns schon einmal einen Mord, noch dazu einen so pittoresken?

Nach dem Essen gesellte sich der Wirt zu uns, der den Namen des Opfers bereits kannte. Wahrscheinlich war ein Polizist noch auf ein Bier nach Dienstschluss vorbeigekommen und hatte den Mund nicht halten können. Ein gewisser Ewald Schöninger sollte es sein, ein ehemaliger Elektriker von der Energie-AG. „Abär ist hinausgeschmissän wordän", informierte uns der böhmische Wirt noch. Die Frage nach den näheren Umständen des Hinauswurfs beantwortete er nur mit einem Schulterzucken.

Nach einem zu fetten Essen und vier oder fünf Bieren samt begleitenden Schnäpsen wankte ich nach Hause. Das Auto musste vor dem Wirtshaus bleiben, ein Sonntagsspaziergang, um es abzuholen, würde mir nicht erspart bleiben.

Ein paar dürftige Erotikclips mit mageren Darstellerinnen vermochten mich nicht vor dem Fernseher zu fesseln, und da ich in dem Krimi, den ich gerade zu lesen versuchte, schon wieder vergessen hatte, wer eigentlich ermordet worden war, schlief ich bald ein.

Mit trockenem Mund, Durst und Kopfweh wachte ich am Sonntag auf. Würde ich vor dem Fernseher liegen bleiben und mich bemitleiden, würde sich an diesem Zustand nichts ändern. Missmutig duschte ich daher, fuhr in meine Kleider und machte mich in die schneidende Kälte auf, um auf einem langen Umweg zu meinem Fahrzeug zu gelangen.

Nach zwei Stunden war ich wieder zu Hause, es ging mir entschieden besser. Jetzt konnte ich es wagen, meine Teilzeitbegleiterin Linda anzurufen. Als Lebensabschnittsgefährtin konnte ich sie – noch – nicht bezeichnen, obwohl meine Absichten durchaus ernsthaft waren. Linda war Lehrerin, also mit einem eigenen Einkommen ausgestattet, und würde mir daher niemals auf der Tasche liegen. Darüber hinaus war sie intelligent, redegewandt und erfrischend kirchenfeindlich. Außerdem verfügte sie über einen wunderbar proportionierten Körper, und seitdem ich ihre Mutter kennengelernt hatte, war ich mir sicher, dass auch die Gene stimmten. Ich würde auch noch in einigen Jahrzehnten an Linda Freude haben, wenn man von der Mutter auf die Tochter schließen durfte. Das einzige Problem war, dass Linda mit der Menge an Alkohol, die ich zu konsumieren pflegte, nicht immer einverstanden war.

„Linda, Schatz, ich bin es. Hast du Lust, heute mit mir zum Adventmarkt am Rathausplatz zu gehen? Es ist so schön winterlich, und alles ...", versuchte ich, für mein Anliegen zu werben. „Musst du für die Zeitung hin oder privat?" Etwas zu scharf, etwas zu sachlich. „Teils, teils. Natürlich sollte ich ein paar Fotos machen, wegen der winterlichen Stimmung. Aber recherchieren brauch ich nichts. Ich schreib aus dem Gedächtnis, oder ich ändere den Text vom Vorjahr."

Linda atmete kurz und hörbar durch. „Ich geh gern mit dir hin. Wenn du dich nicht besäufst." „Okay, okay. Aber ohne ein, zwei Punsch oder Glühmost macht es ja auch keinen ..." Linda unterbrach mich mit einer längeren Darstellung meiner Trinkgewohnheiten, die ich zunächst mehrmals mit zustimmendem „Ja, ja!" zu unterbrechen suchte. Später ertappte ich mich dabei, dass ich nur mehr nickte – was Linda nicht zu stören schien. Schließlich stimmte sie zu – ich solle sie um zwei abholen.

Für Linda war ich tatsächlich bereit, mich zu ändern. Wenn ich nur an ihre einfach perfekt modellierten Brüste dachte, schien mir jedes Opfer, das ich bringen müsste, eine sinnvolle Investition zu sein. Kein Bildhauer hätte die so hingekriegt.

Als sie in mein Auto stieg, bekam ich einen liebevollen, langen Kuss, der mich zu dem Vorschlag verleitete, doch statt zum Adventmarkt lieber in meine Wohnung zu fahren, um dort einen gemütlichen Nachmittag zu verbringen. „Nein, nein, mein Lieber! Du fährst jetzt schön da runter zum Markt. Und wenn du abends nicht besoffen bist, reden wir weiter über Gemütlichkeit."

Ich hatte keine Wahl. Gleich am Eingang des Marktes befand sich der Punschstand des Lions Club, wo ich unbedingt Halt machen musste – Günther, ein befreundeter Weinhändler, hatte gerade Dienst. „Ihr wollt sicher einen Punsch!", grinste er schon von weitem. Linda wollte keinen und signalisierte mir deutlich, dass auch ich keinen wollen sollte. Ich aber brachte es nicht über mich, Günthers Angebot abzulehnen. „Für mich einen Kinderpunsch", sagte Linda. Ihre Augen funkelten vorwurfsvoll, als ich die beiden Becher gereicht bekam.

Natürlich kam das Gespräch sehr schnell auf den gestrigen Mord. Zu meiner Überraschung wusste auch Günther schon, wer der Getötete war. „Ein Spinner. Kein Wunder, dass den mal jemand aus dem Verkehr gezogen hat." Während ich mir meine kalten Hände am Becher wärmte und gelegentlich Lindas Händedruck am Oberarm verspürte, der mich zum Weitergehen veranlassen sollte, erzählte Günther. Den Gerüchten zufolge habe der Ermordete stets eine Waffe in seinem Schreibtisch gehabt und gelegentlich Kollegen gedroht, er werde sie auch verwenden. Gegen die Lehrerin seines Sohnes sei er vor Gericht gezogen, die sei eine Terroristin. Seinen Arbeitgeber habe er verklagt, weil er bei der Arbeit an den Transformatoren giftigen Substanzen ausgesetzt und dadurch zeugungsunfähig geworden sei. „Insgesamt ein kompletter Paranoiker", schloss Günther. „Na ja, jetzt ist er tot. Vielleicht waren seine Ängste doch nicht so paranoid."

Linda verstärkte den Druck auf meinen Arm. „Wir gehen jetzt mal eine Runde", entschied sie, doch Günther kam ihr zuvor. „Wartet! Ich hab noch was Besseres für euch! Man kann ja nicht die ganze Zeit dieses Geschlader trinken." Er deutete auf die leeren Plastikbecher. Aus verborgenen Bereichen seines Standes zog er eine Flasche Rotwein, einen „In Signo Leonis" von Bayer. Ich nickte anerkennend. Bei Günther hatte ich schon die besten Weine der Welt getrunken, er lud mich häufig zu Verkostungen in seine Vinothek ein, erstens, weil er ein wirklicher Freund war, zweitens, weil ich von Wein etwas verstand und nicht nach Name und Preis einkaufte, und drittens, weil ich in der Zeitung gratis für ihn Werbung machte. Diesen Wein hätte ich mir selbst nie leisten wollen.

Der Ton, in dem Linda nun mehr zischte als sagte: „Für mich nicht, danke", ließ nichts Gutes erahnen. Dennoch nahm ich von Günther ein Glas entgegen und ließ mir einschenken. Er prostete mir gut gelaunt zu, während ich nicht einmal den ersten Schluck des wirklich außerordentlichen Roten genießen konnte. Linda hatte sich von meinem Arm gelöst und war mit energischen, auf dem Pflaster heftig klackenden Schritten davongestürmt und hinter einem Stand verschwunden. „Mach dir nichts draus, meine Frau ärgert sich auch immer, wenn ich hier Dienst mache. Sie sagt, wir hätten genug Geld. Wir sollten es am besten direkt spenden, ohne hier einen Stand aufzubauen, dann hätten wir mehr Zeit für die Familie." Resignierend zuckte er die Schultern. „Was soll man machen!"

Ich ärgerte mich über mich selbst. Ohne wirkliche Begeisterung lobte ich den Wein und verabschiedete mich, obwohl Günther Anstalten machte, mir nachzuschenken. Ich musste Linda suchen. Wenn ich jetzt mit ihr den Markt abklapperte und nichts mehr trank, war es vielleicht noch nicht zu spät.

Als ich auf der Rathausseite aus der Reihe der Marktstände heraustrat, sah ich zwar nicht Linda, aber einen höchst seltsamen neuen Stand. „Stoppt den Weihnachtsmann!", stand auf einem roten Transparent, das über die ganze Länge des Standes gespannt war. Auf den Latten, die es rechts und links stützten, waren Plakate angebracht, die ein blondes Engelchen zeigten, das mit gefalteten Händen vor einer brennenden Kerze schwebte. Es sollte wohl das Christkind darstellen, da darüber zu lesen war: „Rettet das Christkind!"

Eine ältere, rundliche Frau in Tracht stand hinter einem Biertisch, der mit Aufklebern und Foldern bedeckt war. Als sie mich entdeckte, hielt sie mir einen Stift hin: „Unterschreiben Sie auch! Der Weihnachtsmann hat auf unseren Märkten nichts verloren! Unser Kulturgut muss geschützt werden!" „Entschuldigen Sie", meinte ich, mich ihrem Stand nähernd, „wie kommen Sie darauf, dass das Christkind ein blondes Engerl sein kann? Meines Wissens war Jesus männlich, Orientale, müsste also etwa so aussehen, wie man sich heute den idealtypischen Türken vorstellt – Sie wissen schon, stark behaart, dunkel, stechender Blick, Schnauzer."

Sie schnappte nach Luft. Ich verspürte große Lust, mich mit der Dame anzulegen. Den Ärger darüber, dass ich Linda verloren hatte, musste sie nun büßen. Sie maß mich mit abschätzigen Blicken. „Sie sind doch von der Zeitung, oder?" Nun klärte sie mich darüber auf, dass sie schon wisse, auf welcher Seite wir stehen. Dürre und lustlose Meldungen über kirchliche Feste, kaum Beachtung für die Aktivitäten der Trachtenvereine, dafür ständig Lobeshymnen über Ausstellungen äußerst fragwürdiger Kunst. Sie wisse schon, woher das alles komme, und vor allem, wohin es führe.

Während ihres Lamentos besah ich mir das Propagandamaterial genauer. Da gab es Sticker in Form eines Fahrverbotszeichens, darin ein mit einem roten Balken durchgestrichener Weihnachtsmann. In einem Halbkreis darüber prangte der Text: „Wir glauben ans Christkind!" Über der Unterschriftenliste war zu lesen, dass man ein völliges Verbot der Figur des Weihnachtsmannes in Medien und Werbung verlange. Daneben gab es kühne Artikel wie zum Beispiel einen Pro-Christkind-Keksausstecher, ein Silikonarmband mit der Aufschrift „Ich steh aufs Christkind", sogar Tattoo-Vorlagen mit dem Vereinslogo, einem Kometen. Ich fragte mich, wer diesen Stand genehmigt hatte und warum die Dame, die ihn betreute, nicht schon längst verhaftet war. „Wissen Sie eigentlich, dass der Weihnachtsmann gestern ermordet worden ist?", fragte ich sie. „Wozu stehen Sie heute eigentlich noch hier?"

Schrill konterte die Trachtlerin mit den üblichen Floskeln, was ich mir einbilde, wer ich denn überhaupt glaube, dass ich sei, und so weiter. Während sich ihr spektakulärer, lodenbedeckter Busen gefährlich hob und senkte, hatte sich eine kleine Gruppe Zuschauer angesammelt, die das Wortgefecht zu genießen schien. Offenbar durch den Lärm angelockt, trat ein weiterer Vertreter des Vereins „Pro Christkind" aus dem Eingang des Rathauses und schritt an den Stand. Ich konnte es einfach nicht glauben: Es war Federmann – der gestern frisch und munter am Tatort herumspaziert war. Ich war nun so in Fahrt, dass ich direkt zum Angriff überging. „Sie haben ja Nerven, sich heute hier zu zeigen! Haben Sie vielleicht gestern den Weihnachtsmann abgestochen? Ich hab Sie dort gesehen!", schleuderte ich ihm entgegen. Er blieb gelassen. „Scheubmayr, Sie sind genauso dumm wie damals, als ich das zweifelhafte Vergnügen hatte, Sie zu unterrichten. Nicht einmal eine ordentliche Ausbildung haben Sie nach der Matura geschafft. Schauen Sie, dass Sie weiterkommen!"

Seine gelassene Entgegnung schaffte es, mich einzuschüchtern. Anstatt schlagfertig zu reagieren, durchzuckten mich fürchterliche Erinnerungen an seinen Unterricht, seine Demütigungen, seine Wortspiele, die er mit unseren Namen getrieben hatte, seine Anspielungen auf körperliche Eigenheiten. Ich war für ihn „der Blade" oder der „bescheuerte Scheubmayr" gewesen. Als er für kurze Zeit die Schulleitung übernommen hatte, war das Klopapier aus den Toiletten verschwunden sowie ein Verbot erlassen worden, vor Unterrichtsbeginn das Licht einzuschalten. Seine rassistischen Rechenbeispiele waren legendär gewesen – ich erinnerte mich noch an eines, in dem die Leiche eines Missionars zu jeweils verschiedenen Teilen an Stammesmitglieder einer Kannibalensippe zu verteilen gewesen war. Neben seiner Tätigkeit als Lehrer war er noch Gemeinderat, natürlich für das äußerst rechte Lager. Wahrscheinlich war das auch der Grund, dass er die Genehmigung erhalten hatte, seinen seltsamen Stand vor dem Rathaus aufzustellen.

„Ihr seid's ja bloß billige Faschisten, alle miteinander, ihr Trachtenheinis!", flüchtete ich mich in einen Argumentationsnotstand hinein, als sich von hinten eine Hand an meiner Jacke entlangschob und meinen Oberarm packte.

„Sie sollten sich wirklich schämen." Lindas Stimme. „Gestern erst dieses Verbrechen, und Sie betreiben heute da Ihre billige Propaganda, wo es doch hier um weihnachtliche Stimmung gehen sollte!" Mein Auftritt hatte ihr anscheinend gefallen und mir Pluspunkte eingetragen, so dass sie mir zur Seite gesprungen war. Ich sah meine Chancen auf eine Nacht voller Zärtlichkeit im Steigen begriffen, was mir neuen Mut verlieh. Ich sammelte sämtliches verfügbares Informationsmaterial ein und stopfte es in meine Jackentasche. „Sie werden über Ihren komischen Verein noch in der Zeitung lesen, nächsten Donnerstag. Und glauben Sie bloß nicht, dass ich nicht mögliche Zusammenhänge zum Mord am Weihnachtsmann genauestens recherchieren werde!"

Von einigen Zuschauern hinter mir gab es verhaltenen Applaus, ich selber aber wagte es nicht einmal, Federmann in die Augen zu blicken. In diesem Moment holten mich wieder die Mordphantasien ein, die mich seinetwegen als Sechzehnjähriger manche Nächte hindurch verfolgt hatten.

Linda zog mich vom Stand weg. „Glaubst du wirklich, dass er mit dem Mord etwas zu tun haben könnte?" Ich war wie geladen und erklärte Linda, während ich hastig entlang der Esplanade rannte und heftig gestikulierte, dass ich den Mann gestern am Tatort gesehen hatte und dass Linda doch selbst wüsste, was für ein gefährlicher Idiot er sei. In dem Moment war ich mir sicher, dass nur er den Weihnachtsmann getötet haben konnte – wer sonst? Dass die Polizei noch nicht auf ihn gekommen war! Wie konnte er noch frei herumrennen und fordern, den Weihnachtsmann zu stoppen?

Linda schien von meinem Zorn angenehm berührt. Sie drückte mich an sich und schien bereit, mir meinen Fehler von vorhin zu verzeihen. Je weiter wir hinaus in die Schnee- und Eislandschaft entlang des Sees wanderten, desto weniger Menschen begegneten wir, und als wir, ohne es wirklich geplant zu haben, am Schloss Orth ankamen, waren wir ganz alleine, denn die Ausstellung war wegen des Verbrechens heute geschlossen geblieben.

Wir traten auf die Brücke hinaus und setzten uns dem eisigen Wind aus. Der Schnee unter unseren Schuhen knirschte, und Linda versuchte meine Aufregung mit einem langen, feuchten Kuss zwischen Schals, Mützen und Handschuhen zu dämpfen. Es wurde dann noch ein schöner Abend. Ohne Alkohol, dafür aber mit Schokoladensoße, die ich von einer ganz besonderen Unterlage schlürfen durfte.

Am Montag wachte ich alleine auf, Lindas Dienst begann schon lange vor meinem. Ich machte mir eine Kanne Tee, rief meinen Chefredakteur an und erklärte ihm, dass ich erst später kommen würde. Ich wollte zuerst von zu Hause aus den Stand der Ermittlungen im Weihnachtsmannmord recherchieren, danach musste ich zur Witwe, um ein Foto des Dahingeschiedenen zu besorgen.

Bei der Polizei verlangte ich nach Robert Eisl, der mir aber nichts wirklich Interessantes mitzuteilen hatte. „Ungewöhnlich ist vielleicht, dass es für uns ganz schwierig war, den Tatort einzugrenzen. Der Mann dürfte mit einer ziemlich langen Klinge, einem Küchenmesser vielleicht, erstochen worden sein. Der Stich hat die Leber getroffen und eine innere Blutung ausgelöst. Nach außen hin war nicht viel zu sehen, er könnte noch minutenlang herumgegangen sein, ohne Blutspuren zu hinterlassen. Wäre er gleich behandelt worden, hätte er nicht zu sterben brauchen."

Robert ließ sich keine Informationen über Verdächtige entlocken, außer dass die Ehefrau immer verdächtig sei. „Ist das eine Junge, Dunkelhaarige, Attraktive?" „Ziemlich gut aussehend, und ein Typ, der im Schmerz noch schöner ist als sonst." Er hatte bereits mit ihr gesprochen.

Ich machte ihn auf den Stand des Vereins „Pro Christkind" aufmerksam und auf die Tatsache, dass ich einen der Betreiber auch vorgestern am Tatort gesehen hatte. Robert seufzte. „Den haben wir schon gründlich überprüft, bis jetzt haben sich keine Anhaltspunkte ergeben. Aber im Ernst – solche Typen empören sich über jede Kleinigkeit maßlos, aber zustechen? Nein." „Ich würde mir wünschen, dass er es war. Ich hasse den Trottel, er war früher mein Mathematiklehrer."

Die Adresse des Opfers stand im Telefonbuch. Er hatte in einer dieser Wohnanlagen gewohnt, die außerhalb des Stadtzentrums in den letzten Jahrzehnten alle Wiesen überwuchert hatten. Die wenigen Parkplätze waren besetzt, ich stellte mein Auto auf der recht schmalen Straße vor der Anlage ab. Beim zweiten Eingang fand ich den Namen Schöninger und klingelte. Nach wenigen

Sekunden meldete sich eine Frauenstimme per Gegensprechanlage. Nun kam ein Moment, den ich hasste. Es gehört zu den widerlichsten Aufgaben eines Journalisten, Fotos von Unfall- und Verbrechensopfern zu besorgen. In diesen Momenten hasste ich mich selbst und meine Berufswahl.

„Frau Schöninger? Scheubmayr, von der Rundschau. Wir sind uns am Samstag …" Kurz zögerte ich, ungewollt hatte ich sie an den Tod ihres Mannes erinnert, was mir jetzt reichlich pietätlos vorkam. Schon wieder im Fettnäpfchen. Aber ohne nachzufragen ließ sie den Türöffner summen. Ihre Wohnung war im ersten Stock, sie stand schon an der Tür und winkte mich hinein.

Eisl hatte Recht gehabt. Sie sah faszinierend aus. Man durfte sie durchaus als üppig bezeichnen, doch der Stress der letzten Tage hatte in ihrem Gesicht Noten von Abgehärmtheit und Melancholie zurückgelassen, die ihr ausgezeichnet standen. Ihre langen, dunklen Haare fielen offen über einen schwarzen Pullover, den sie wie den gleichfarbigen engen Rock trug, als sei das ihre Alltagskleidung. Haut- und Haarfarbe, Kleidung, alles spielte auf reizvolle Weise zusammen.

„Es tut mir leid", quetschte ich hervor. „Erinnern Sie sich noch an mich? Ich habe kurz vor … vor …" Schon wieder ein Tritt ins Fettnäpfchen.

Für meine Verlegenheit erntete ich ein etwas mitleidiges Lächeln. „Sie haben kurz vor dem Tod meines Mannes einen Krampus bei mir gekauft. Dabei haben Sie ein paar müde Scherzchen gemacht und hemmungslos mit mir geflirtet. Und jetzt wollen Sie eine Story von mir."

Wieso lächelte die Frau, anstatt zu trauern? Sie ging voraus in ein geräumiges Wohnzimmer, das sehr konservativ eingerichtet war, rustikale Möbel fehlten ebenso wenig wie der röhrende Hirsch an der Wand. „Entschuldigen Sie. Der Geschmack meines Mannes."

„Frau Schöninger, es tut mir wirklich sehr leid, was geschehen ist, aber ich möchte Sie trotzdem bitten, mir ein Foto Ihres Gatten zu überlassen. Es wird am Donnerstag in der Zeitung erscheinen. Ich hoffe, dass das kein Problem für Sie ist."

Statt einer Antwort öffnete sie einen wuchtigen Schrank und holte ein Fotoalbum heraus. „Suchen Sie sich eines aus. Ich brauche keines mehr." Ich schaute verblüfft zu ihr auf. „Ich mache kein Geheimnis daraus, dass ich Ewald gehasst habe. Das habe ich schließlich alles schon gestern der Polizei erzählt. Er war ein Ekel. Die Fotos, die Sie nicht nehmen, die schmeiße ich weg, noch bevor er begraben ist." Ihre Offenheit machte mich völlig sprachlos.

„Die Polizei hat mir schon erklärt, dass ich sowohl Motiv als auch Gelegenheit gehabt hätte, meinen Mann zu erstechen. Allerdings haben sie keinen Beweis – und ein Dutzend andere Verdächtige, die ihn genauso gehasst haben wie ich." Langsam begann mich Ewald Schöninger zu interessieren. Einiges hatte ich ja gestern schon von Günther gehört, allerdings nicht ganz ernst genommen. Der Mann schien aber tatsächlich ein Fiesling allererster Güte gewesen zu sein.

„Und darf ich fragen, wer zum Beispiel einige seiner vielen Feinde gewesen sind?" „Nehmen Sie, wen Sie wollen. Er hat die Lehrerin unseres Sohnes angezeigt. Die hat sogar ein Disziplinarverfahren angehängt bekommen – erst in zweiter Instanz ist es eingestellt worden. Sie war ein halbes Jahr wegen Depressionen in Krankenstand. Mit dem Nachbarn von der Tür gegenüber hat es erst vor ein paar Tagen einen Riesenstreit gegeben. Mein Mann hat die Zufahrt zum Haus mit einem Schranken absperren lassen und der Hausverwaltung erzählt, die Mehrheit der Miteigentümer wäre einverstanden. Am Donnerstag hat er dann einen Zettel aufgehängt, auf dem stand, dass Spielplatz und Sandkiste im Winter gesperrt würden, wenn die Kinder weiterhin mit Schneebällen werfen. Nur weil ein Schneeball unser Fenster getroffen hat. Der Nachbar war wutentbrannt, sie haben sich angeschrien, der Nachbar hat mit der Hausverwaltung gedroht, mein Mann mit der Polizei, beide haben einander Prügel und Schlimmeres versprochen. Jeder im Haus hat es gehört. Unser Nachbar war gestern schon stundenlang zur Einvernahme bei der Polizei."

„Haben Sie eigentlich auch Kinder?", fragte ich dazwischen. „Ja, ich habe Josef heute in die Schule geschickt, trotz der ganzen Affäre. Ich glaube, für ihn ist Normalität jetzt das, was er braucht. Soweit er das bisher gehabt hat." Wie sie das meinte, wollte ich wissen. „Unser Sohn durfte nicht mit den anderen Kindern draußen spielen, weil Ewald ja mit allen verfeindet war. Deswegen auch die Schneebälle gegen das Fenster."

Ich fragte noch, ob sie einen Verdacht hätte. „Fragen Sie mich das nicht. Unser Nachbar war jedenfalls am Adventmarkt. Viele andere aus der Wohnanlage auch – ich bin ja mit niemandem verfeindet, und ich glaube, viele kommen deswegen zu meinem Stand, um mir zu zeigen, dass sie mir nicht übelnehmen, wie verrückt mein Mann ist – war."

Ich konnte nicht widerstehen, als mir Frau Schöninger noch einen Schnaps anbot. Schon der erste Schluck lockerte meine Zunge auf unpassende Art. Ich erklärte der Witwe, wie überrascht ich sei, dass eine so wunderbare Frau wie sie an ein Ekel wie Schöninger geraten habe können. Diesmal lachte sie zynisch auf und erklärte mir, ich solle mich doch ein wenig mit Literatur über misshandelte Kinder beschäftigen, dann würde ich schon verstehen. Ratlos und knapp verabschiedet stand ich kurz darauf vor ihrer Tür.

Was hinderte mich daran, noch rasch den Nachbarn aufzusuchen? Ich klingelte, eine Frau öffnete. Schon bereute ich meinen Entschluss. Mir gegenüber stand eine schwer übergewichtige Dame mit kurz geschnittenem rotem Haar und weißen Leggins. Sie starrte mich mit unverhohlenem Misstrauen an. Ihr Mann sei in der Arbeit. Ich nannte meinen Namen und erwähnte den Tod von Schöninger. Daraufhin war das Stiegenhaus erfüllt von einer lautstarken, nicht enden wollenden Kaskade von Beschimpfungen, die sich ausnahmslos gegen den Verstorbenen richteten. Ihrer Gefühlslage nach musste sie die Mörderin sein, denn weder der Trachten-Mathematiker noch Frau Schöninger hatten so vor Hass gesprüht wie sie. Ich machte, dass ich davonkam, was die Tirade der Dame allerdings nicht zu beenden vermochte. Noch an der Haustür hörte ich sie schreien. Dass sie kein Gegenüber mehr hatte, das angekeift werden konnte, schien sie nicht zu stören.

Auf dem Weg zur Redaktion fielen mir zwei Dinge ein. Erstens, dass ich Linda fragen musste, ob sie die von Schöninger angegriffene Lehrerin kannte, und zweitens, dass ich die Wohnung ohne ein Foto des Opfers verlassen hatte.

In der Redaktion empfing mich mein Chef mit der Nachricht, dass der Fall wohl geklärt sei. Man habe einen Nachbarn des Ermordeten verhaftet. Er erzählte mir in etwa dieselbe Geschichte, die ich schon von Frau Schöninger kannte. Nun gut, ich musste also noch einmal zurück, um ein Foto zu besorgen, rief aber dennoch Linda an. Die Geschichte mit der Lehrerin interessierte mich trotz allem. Wie hatte es kommen können, dass aufgrund offenbar unsinniger Anschuldigungen ein Verfahren gegen sie stattgefunden hatte?

Ich hatte Glück: Linda hatte zwar beruflich keinen Kontakt mit der Lehrerin gehabt, kannte sie aber von einem Yoga-Kurs. Sie hieß Yvonne Gamsjäger und unterrichtete jetzt in der Volksschule Altmünster. Musste wohl ein Spross einer aufgeschlossenen Gosauer Familie sein – dort hieß jeder Zweite Gamsjäger, allerdings waren traditionelle Namen wie Anna oder Maria in der Überzahl. Yvonne war eindeutig ein Stilbruch.

Ich erkundigte mich in der Volksschule, wann Frau Gamsjäger Unterrichtsschluss hatte. Der Einfachheit halber stellte ich mich als Vater eines Schülers vor.

Um zehn nach zwölf stand ich vor dem Konferenzzimmer und fragte nach Frau Gamsjäger. Eine kleine, blonde, sehr jung aussehende Frau kam zur Tür und musterte mich ebenso erstaunt wie skeptisch – sie hatte wohl damit gerechnet, einen ihr bekannten Vater anzutreffen. Ich bat, sie unter vier Augen sprechen zu dürfen, und sie ging mit mir quer über den Gang, sperrte eine Tür zu einem Besprechungsraum auf und deutete auf einen Sessel.

„Frau Gamsjäger", begann ich, „ich bin kein Vater, ich bin von der Rundschau." Ihr Körper spannte sich an, ihr Blick wurde steinern. Ich hasste es, Frauen wie ihr wehzutun, und versuchte abzuschwächen: „Bitte, regen Sie sich nicht auf, es gibt nichts, was ich Ihnen tun könnte oder wollte. Es ist nur – ich recherchiere im Fall Schöninger, Sie wissen sicher, der Mord. Und ich habe gehört, dass Sie von dem Mann in ganz gehörige Schwierigkeiten gebracht worden sind." Sie begann zu zucken und gleich darauf zu schluchzen. Instinktiv nahm ich ihre Hand und begann, sie zu streicheln.

„Glauben Sie mir, nach allem, was ich bisher weiß, waren Sie ein Opfer. Der Mann hat sich mit jedem angelegt. Ich möchte ja nur ein paar Hintergründe wissen, was damals passiert ist." Sie hob wieder den Kopf, ohne ihre Hand zurückzuziehen. „Ich möchte darüber nicht reden. Heute war schon die Polizei hier. Was glauben Sie, was das für mich bedeutet, wenn mich die ganze Geschichte wieder einholt, wenn die Polizei in der Schule nach mir fragt?. Und dann auch noch Sie. Ich will nicht in der Zeitung vorkommen."

„Warum ist die Polizei hier gewesen?", fragte ich so unschuldig wie möglich. Ihr Schluchzen ging fast nahtlos in etwas über, das man als Wimmern bezeichnen konnte. Ich streichelte weiter ihre Hand. Nach vielleicht einer Minute hatte sie sich so weit gefangen, dass sie mit mir sprechen konnte. Ich war von ihren großen, feuchten Augen fasziniert und drückte ihre Hand etwas fester.

„Ich war doch dort, am Adventmarkt. Ich habe mit dem Chor von unseren Schulkindern ein paar Lieder gesungen, und direkt vor meinen Schülern ist der Weihnachtsmann zusammengesackt! Ich bin mit den Kindern so schnell wie möglich weg, weil ich doch geglaubt habe, dass der betrunken ist, ich dachte, das kann man doch den Kindern nicht zumuten, einen besoffenen Weihnachtsmann!" Ihr Make-up war inzwischen völlig verschmiert, sie kramte ein Taschentuch aus ihrer Handtasche. „Und jetzt glaubt die Polizei natürlich, dass ich mich rächen wollte."

Ihre Tränen strömten nun ungehemmt. Ich fühlte mich ganz scheußlich dabei, eine so zart erscheinende Frau in diese Lage gebracht zu haben. Ich setzte mich neben sie, nahm sie in die Arme und lehnte ihren Kopf an meine Schulter. Sagen musste ich nichts, ich strich ihr nur beruhigend über den Kopf. Sie zog sich nicht zurück, entspannte sich aber langsam. Ihr warmer Körper zuckte ein wenig an meinem. Ich fand mich sehr gut als Tröster der unschuldig Verfolgten.

Dann erklärte ich ihr, dass sie wohl nicht mehr verdächtigt werde, denn ein Nachbar des Ermordeten sei bereits verhaftet worden. Sie löste sich von mir. „Wirklich?", fragte sie, wieder ein wenig gefasster.

Ich sah keine Notwendigkeit, ihr weitere Informationen zu entlocken. Vielmehr nahm ich mir vor, mir den

Namen Yvonne Gamsjäger im Gedächtnis zu behalten, sollte die Beziehung zu Linda ein unerwartetes Ende nehmen.

Damit war die Sache wohl abgeschlossen. Ich nahm mir vor, noch persönlich bei der Polizei vorbeizufahren, um herauszufinden, ob eine Pressekonferenz geplant war oder ob ich mich selbst um die restlichen Details für meine Story würde kümmern müssen.

Auf dem Weg bog ich dann aber rechts zum Schloss Orth ab. Mir war da so eine Idee gekommen, der ich noch nachgehen wollte. Ich parkte mein Auto im Halteverbot und klemmte das Schild „Arzt im Dienst", das ich vor Jahren auf einem Parkplatz gefunden hatte, hinter die Scheibe. Auf der Brücke wehte der gleiche eiskalte Wind wie vor zwei Tagen. Die Bilder des toten Weihnachtsmanns und des Kusses von Linda überlagerten sich in meinem Gehirn, als ich darüberschritt. Ich ging am Ufer entlang um das Schloss herum, um abzuschätzen, wo genau die Räume lagen, in denen die Adventausstellung stattgefunden hatte. Ich war mir ziemlich sicher, dass ich ein Fenster als jenes identifizieren konnte, das direkt neben dem Bäckerstand von Frau Schöninger gelegen hatte. Ich drehte mich um und blickte auf den See hinaus, über dem die Schneeflocken waagrecht einherzutreiben begannen.

Eine halbe Stunde später klingelte ich nochmals an der Wohnungstüre von Schöninger. Die Witwe schien überrascht, mich so schnell wiederzusehen, bat mich aber wiederum hintergründig lächelnd in ihre Wohnung. „Das Foto. Ich hab's vergessen." Verlegen zuckte ich mit den Schultern. „Das Fotoalbum liegt noch auf dem Tisch."

Im Wohnzimmer bot sie mir mit einer Handbewegung einen Stuhl an. Als sie sich mir gegenübersetzte, blieb mein Blick zu lange an ihren Beinen hängen, die sie übereinanderschlug und dadurch die Aussicht auf wohlgeformte Oberschenkel freigab. Ich fühlte mich ertappt, als sie an ihrem Rocksaum zupfte. Aus Verlegenheit zog ich rasch das Fotoalbum an mich und begann zu blättern. Nicht nur wegen ihrer Beine schoss mir die Hitze in den Kopf, auch deswegen, was ich nun gleich sagen wollte.

„Frau Schöninger", fing ich an und brauchte gleich wieder eine Pause. „Sagen wir mal, wenn jetzt, nur theoretisch, ein paar Taucher den Seegrund absuchen würden, vor dem Fenster bei Ihrem Stand." Sie stützte ihr Kinn auf ihren Arm und wich meinem Blick nicht aus. Ich musste den meinen abwenden, um weitersprechen zu können. „Könnte es dann sein, dass sie dort ein Messer finden, vielleicht jenes, mit dem Sie so eindrucksvoll große Brotlaibe durchschneiden?"

Was hatte ich erwartet? Dass sie weinend zusammenbrechen und mich händeringend darum bitten würde, niemandem etwas zu verraten? Sie reagierte überhaupt nicht, und schon wollte ich meine Provokation als dummen Scherz abtun, als sie aufstand und sagte: „Warten Sie einen Moment."

Als sie hinter mir vorbeiging, nahm ich nichts als eine rasche Bewegung wahr, bevor ein Knall und ein bohrender Schmerz meinen Schädel durchdrangen und ein grüner Splitterregen rund um mich niederhagelte. Danach wurde es dunkel und still.

Als ich wieder wach wurde, lag ich auf dem Rücken und hatte keine Ahnung, wo ich mich befand. Eine Hand mit einem feuchten Waschlappen strich mir über Stirn, Wangen und Lippen. Mühsam fasste ich nach meinem Kopf und stellte fest, dass die Haare feucht und verklebt waren. Wovon bloß? Jede Bewegung löste unsägliche Kopfschmerzen aus, die wie Dolche durch meinen Schädel drangen. Einen so schlimmen Kater hatte ich noch nie gehabt.

Plötzlich hörte ich jemanden schluchzen, konnte mich aber um nichts in der Welt dazu entschließen, den

Kopf zu drehen, um herauszufinden, wer es war. War ich auf der Intensivstation? Linda? Meine Mutter? War ich im Begriff zu sterben? Hatte ich einen Unfall gehabt? Ich konnte mich an gar nichts erinnern.

„Wie lange bin ich schon im Krankenhaus?", krächzte ich, mühsam und unter Schmerzen. Ein Gesicht schob sich in mein Blickfeld. Ein verheultes Gesicht. Das Gesicht einer Frau. Einer schönen Frau. War das Linda? Nein. Linda hatte hellere Haare, vollere Wangen. „Es tut mir so leid!", schluchzte sie.

Mir dämmerte es. Das war Frau Schöninger. Aber wie kam sie zu mir ins Krankenhaus? Nochmals streichelte sie mit einem Waschlappen mein Gesicht. Ich hörte so schlecht. Als ich mit der Hand nach meinem Ohr suchte, fand ich es von einem dicken Verband verhüllt. Hatte sie mich verbunden? Weswegen? War ich im Rausch gestürzt?

Ich konnte meine Umgebung nun ein wenig besser wahrnehmen und merkte, dass ich auf einem Sofa lag. Vor mir ein Fernseher. Plötzlich die Türklingel. Ich stöhnte auf. Das Klingeln war wie eine Kreissäge mitten durch meinen Kopf. Frau Schöninger stand auf und ging weg. Jetzt klopfte es auch noch. „Polizei! Machen Sie auf!" Und sie öffnete. Ich hörte die Stimme von Robert Eisl. „Frau Schöninger, wir müssen Sie vorläufig festnehmen, Sie stehen im Verdacht, Ihren Mann getötet zu haben."

Langsam fügte sich das Bild der vergangenen Stunden wieder zusammen. Plötzlich Stille, dann Schritte. „Und wen haben wir denn da?" Eisl schob sich grinsend in mein Blickfeld. „Das ist ja entzückend. Ist das der Komplize, vielleicht sogar der gedungene Messerstecher? Das ist ja kaum zu glauben. Treibt sich am Tatort herum, spielt den Reporter, flirtet mit der Verdächtigen – du kannst die Klappe halten, dafür gibt's Zeugen! –, und dann finden wir ihn auch noch bei der Verhaftung im Bett der Witwe. Na servas!"

Mir fehlte jede Kraft, irgendwelche Erklärungen abzugeben. Nicht einmal den Unterschied zwischen einem Wohnzimmersofa und einem Schlafzimmerbett wollte ich jetzt unbedingt thematisieren. Ich wollte nur, dass der Lärm aufhörte. Eisl zog mich hoch und wies einen Uniformierten an, mir Handschellen anzulegen. Als er meinen Verband sah, nickte er anerkennend. „Streit ums Honorar? Ums Erbe? Kommt in den besten Kreisen vor. Abführen." Ich fragte mich, ob ich Weihnachten heuer zu Hause verbringen würde.

Inhalt